Eve Passion

Wildes Verlangen

Erotische Geschichten

www.blue-panther-books.de

BLUE PANTHER BOOKS TASCHENBUCH
BAND 2229
1. AUFLAGE: JUNI 2017
2. AUFLAGE: JANUAR 2025

VOLLSTÄNDIGE TASCHENBUCHAUSGABE
ORIGINALAUSGABE

LEKTORAT: NICOLA HEUBACH

COVER: © KASIA BIALASIEWICZ @ BIGSTOCK.COM
UMSCHLAGGESTALTUNG: WWW.HEUBACH-MEDIA.DE
GESETZT IN DER TRAJAN PRO UND ADOBE GARAMOND PRO

PRINTED IN GERMANY
ISBN 978-3-86277-661-0
WWW.BLUE-PANTHER-BOOKS.DE

HERSTELLER: BLUE PANTHER BOOKS OHG
OSTERFELDSTRASSE 12-14 | 22529 HAMBURG | DEUTSCHLAND
E-MAIL: INFO@BLUE-PANTHER-BOOKS.DE

INHALT

Mit dem Gutschein-Code

EP1TBTGBC

erhalten Sie auf **www.blue-panther-books.de** diese exklusive Zusatzgeschichte als E-Book in den Formaten PDF, E-PUB und Kindle. Registrieren Sie sich einfach online oder schicken Sie uns die beiliegende Postkarte ausgefüllt zurück!

Dunkles Verlangen

Sollte ich wirklich? Es war eine Mischung aus Reiz und Angst, zwischen der ich mich nicht entscheiden konnte. Meine rechte Hand lag auf der Maus, aber ich schaffte es nicht, auf Senden zu klicken. Wenn ich das tat, hätte ich die Entscheidung getroffen und musste es durchziehen. Der Gedanke daran verursachte bei mir Panik. Doch bevor ich wieder einen Rückzieher machen konnte, zuckte mein rechter Zeigefinger und der Button war gedrückt. Panik stieg in mir auf, doch dazu mischte sich etwas Vorfreude. Ich würde es wirklich tun!

Seit Wochen war ich auf der Internetseite »donttouch-yourself.com« unterwegs und schaute mich nach einem festen Liebhaber um. Die Webseite warb mit »erotischen Kontakten in deiner Nähe« und es waren so einige Profile, die ich mir interessiert angesehen hatte. Aktiv war ich, jedoch entpuppten sich die Männer, wenn sie real vor mir standen, als wesentlich unattraktiver als erwartet. Eine Beziehung war aktuell nicht in Sicht und ich sah nicht ein, länger auf alles zu verzichten, nur weil der passende Partner auf sich warten ließ. Im Kollegen- oder Freundeskreis war mir das Unterfangen zu indiskret, man wusste nie, ob das vielleicht ein unschönes Ende nahm. Daher suchte ich jemand völlig Fremden, eine Person, mit der ich intim sein konnte, um Momente der Zweisamkeit zu genießen. Bisher war ich noch nicht fündig geworden. Doch nun hatte ich das Gefühl, es könnte passen.

Als ich auf dem Profil von ihm gelandet war, stimmte einfach alles. Von den Vorlieben über die Tabus, bis hin zu den geheimen Wünschen. Wir hielten beide nichts von neumodischem Kram wie BDSM, Fesselspielchen, Unterwerfung oder sonstigen Fetischen.

SensualMe nannte er sich und es war zu verlockend, um ihm nicht zu schreiben. Nun hatten wir nicht nur seit Tagen regen

Kontakt, jetzt stand tatsächlich unser erstes Treffen an. Bereits morgen Abend würde ich zu ihm fahren, die Details über den Ablauf waren alle geklärt. Das Gefühl, wieder sechzehn zu sein, ergriff Besitz von mir und ich tigerte nervös in Richtung Kleiderschrank, um den langen Trenchcoat zu suchen, den ich brauchen würde. Das Ungewöhnliche diesmal war, dass wir einander nicht sehen würden. Die letzten Treffen hatten es mir gezeigt: Zu oft wurde ich durch die wenig reizvolle Optik abgeschreckt oder enttäuscht. Diesmal wollte ich bis zum Äußersten gehen, denn ich wollte Sex! Ich würde zu ihm fahren und seinen bereits völlig verdunkelten Raum betreten, in dem er auf mich warten würde. Uns blieben lediglich der Tastsinn, der Geschmack und Geruch des anderen. Wir hatten auch keine Fotos ausgetauscht, somit hatten wir keine Vorstellung voneinander. Das machte dieses Treffen von vornherein zu etwas Besonderem.

***

Am nächsten Tag war ich bereits mittags zu nichts mehr zu gebrauchen. Ich hing mit meinen ganzen Gedanken an dem Moment, was passieren würde, wenn ich den Raum betrat. War es doch ein Fehler gewesen? Ging ich zu weit mit meinem Wunsch nach Befriedigung? Was war, wenn ich ihn nicht riechen konnte oder er mich? Nachdem ich vor lauter Nervosität die zweite Tasse in der Küche zerschmettert hatte, beschloss ich, ruhig auf dem Sofa zu bleiben und auf den Abend zu warten. Viel zu früh war der Moment da und ich setzte mich nur mit Dessous und einem Mantel bekleidet in mein Auto. Hoffentlich hatte ich jetzt keine Panne! Ich zitterte nicht nur innerlich, sondern ich sah es auch an meinen Händen, als ich die Klingel drücken wollte. Wie Mottenflügel rasten die einzelnen Glieder aneinander vorbei, als wenn sie Alarm schlagen wollten. Bevor ich einen Rückzieher machen konnte, zwang ich mich zu handeln und klingelte. Es dauerte nicht lange, bis ich Schritte hörte, und jemand die Tür wie verabredet nur eine Handbreit öffnete. Ich hörte, wie die Person wieder ging, und wartete ab. Wenn ich jetzt durch diese Tür trat, würde ich vielleicht ein richtig geiles Erlebnis verbuchen können, überredete ich mich selbst. Langsam schob ich die Tür weiter auf und spähte in den Raum. Links war eine offene Küche und nach vorn ging es über ein Wohnzimmer direkt in den Garten. Alles war abgedunkelt und ruhig. Links hinter der Küche lag ein Flur und dort, auf der ersten Zimmertür, war eine Markierung. Langsam bewegte ich mich darauf zu und streifte dabei meinen Mantel ab.

Meine Güte, was für ein Klischee, dachte ich in dem Moment, *Mantel und nichts drunter ...*

Na ja, fast nichts, der Kauf der neuen Dessous hatte sich bisher bewährt. Nichts zwickte oder rutschte, alles saß da, wo es hingehörte. Bis hierhin hatte ich es geschafft, also konnte ich auch weiter, sprach ich mir Mut zu und drückte vorsichtig die Klinke der Zimmertür. Im Inneren war es noch dunkler als im Flur, doch konnte ich beim Eintreten durch den Lichteinfall ein großes Bett erkennen und auch, dass jemand davorstand – mit dem Rücken zur Tür.

Ab dem Moment war es mir egal, ob ich diesen Menschen kannte oder nicht, ob ich mich blamierte oder das Treffen am Ende ein Reinfall wurde. Ich war hier, jetzt, und ließ mich darauf ein. Kaum hatte ich die Tür geschlossen, umfing mich völlige Dunkelheit und ich hörte, wie er sich auf mich zubewegte. Ich war immer noch nervös, aber gleichzeitig freute ich mich auf das, was passieren würde. Bevor ich Zeit hatte zu überlegen, was ich nun tun sollte, fühlte ich seine Hände an meinen Hüften. Meine Finger waren eiskalt. Um ihn nicht zu erschrecken, hauchte ich sie mit meinem Atem an, bevor ich seine Brust berührte. Ich fühlte ein leises Beben unter ihnen und merkte, dass er lachte. Ich musste ebenfalls grinsen, ließ sie aber da, wo sie waren. Er zog mich näher an sich heran und glitt mit seinen Fingerspitzen weiter aufwärts. Während er mich erkundete, fühlte ich, wie groß mein Gegenüber eigentlich war. Er war ungefähr einen halben Kopf größer als ich und hatte kurze Haare. Seine Statur war schlank, aber durchaus muskulös, denn ich fühlte die festen Muskeln seiner Brust. Das Interessanteste in dem Moment war, dass seine Haut nach Marzipan roch. Mit meinem rechten Zeigefinger suchte ich seine Lippen und als ich sie fand, küsste ich ihn vorsichtig. Er antwortete mit seiner Zunge willig aber langsam, genauso, wie es mir gefiel. Jegliche Unsicherheit fiel jetzt von mir ab. Wir harmonierten, und in mir regte sich Wärme. Während ich mich weiterhin darauf konzentrierte, ihn zu küssen, hatte er den Verschluss meines BHs gefunden. In dem Moment wurde mir bewusst, dass er gar nicht wissen konnte, wie viel Mühe ich mir bei der Auswahl gegeben hatte, schließlich war es stockfinster um uns herum. Er war geübt in dem, was er tat, und schnell stand ich oben ohne direkt vor ihm. Seine Hände glitten nach vorn und umfassten meine nackten Brüste. Langsam kreisend brachte er meine Warzen zum Stehen und ich fühlte ein wohliges Kribbeln in meinem Rücken. Ich spürte, dass sein Schwanz wach wurde, und drückte meinen Unterleib gegen seinen, um mehr davon zu fühlen. Er ging langsam rückwärts und zog mich mit sich in Richtung Bett. Als wir es erreicht hatten, blieb er stehen und ich hatte den Eindruck, dass er auf etwas wartete. Seine Hände blieben auf meinen Hüften liegen. Da wurde mir klar, dass ich jetzt an der Reihe war. Mit langsamen Berührungen meiner Lippen ging ich von seiner Brust abwärts in die Knie, bis ich auf Höhe seines besten Stücks war. Der wenige Stoff, der mich von ihm trennte, war schnell entfernt und ich freute mich darauf, ihn genauer zu erkunden. Ich nahm ihn vorsichtig in den Mund. Er hatte eine angenehme Größe und ich merkte, wie er in mir härter wurde. Ich lutschte und saugte voller Freude, bis ich merkte, dass sein Atem unkontrollierbar schnell ging. Mit seinen Händen zeigte er mir deutlich, dass es nun Zeit für den nächsten Schritt war.

Ich ließ mich bereitwillig auf das Bett dirigieren. Anscheinend gefiel ihm, was sich getan hatte, denn er war schneller in seinem Handeln als zuvor. Er riss meinen Slip in zwei Teile, aber ich hatte keine Chance zu protestieren, dafür ging es zu schnell, und schließlich hatten wir vereinbart, nicht zu sprechen. Doch das, was er dann tat, entschädigte mich für alles. Für die Aufregung, für den verlorenen Slip und für mein schlechtes Gewissen, eine unanständige Frau zu sein. Sofort fühlte ich, dass er Erfahrung und ein klares Ziel vor Augen hatte. Ich konnte gar nicht genau sagen, ob er an mir leckte, saugte oder etwas anderes tat, es war einfach nur unbeschreiblich. Ich krallte mich mit beiden Händen in die Bettdecke und hob mein Becken seiner Zunge entgegen. Ich fühlte, wir er erst ein und dann zwei Finger einsetzte, um meine nasse Spalte weiter herauszufordern. Meine Gier nach seinem Schwanz wuchs von Minute zu Minute und als ich dachte, ich würde es keine Sekunde länger aushalten, kam er über mich und küsste mich voller Leidenschaft. Während er das tat, fühlte ich seine Spitze an meinem Eingang und konnte es kaum erwarten, ihn näher zu fühlen. Doch anstatt einzudringen, verharrte er in der Position und küsste mich so langsam wie es noch nie ein Mann mit mir zuvor getan hatte. Er ließ mich warten und ich wusste, er tat es mit Absicht, um mich zu reizen.

Mit Erfolg. Ich krallte meine Hände in seinen Rücken und versuchte, ihn näher an mich heranzuziehen. Er nahm meinen Oberkörper in seine Arme und hielt mich fest. Nach einer quälend langen Zeit stieß er mit Schwung bis zum Anschlag in meine gierig wartende Höhle. Darauf war ich nicht gefasst gewesen und stöhnte laut. Meine Fingernägel hinterließen Kratzspuren in seinen Pobacken, während ich versuchte, irgendwo Halt zu finden, um mich nicht völlig zu verlieren. Doch genau das war es, was er wollte, und offensichtlich wusste er, wie er dieses Ziel erreichen konnte, obwohl er mich nicht kannte. Seine Bewegungen brachten mich in eine höhere Ekstase als jeder Mann vor ihm. Er zog seinen Schwanz immer wieder bis zur Spitze aus mir, um dann wieder zuzustoßen. Diese langen wundervollen Stöße gaben mir den Rest ... Ich schrie meinen Orgasmus aus mir heraus und wünschte, er würde niemals aufhören. Auch sein Keuchen wurde heftiger und schneller, bis er irgendwann tief in mir blieb und sich nicht mehr bewegte, doch ich fühlte, wie sein heißer Saft mich füllte. Sein ganzer Körper erschlaffte kraftlos und blieb auf mir. Er suchte meine Lippen und wir genossen beide diesen Moment. Einander streichelnd blieben wir verschlungen liegen und warteten, dass sich unser Puls wieder normalisierte.

Irgendwann wollte er sich aus mir zurückziehen, doch ich hielt ihn fest, umklammerte ihn mit meinen Schenkeln. Ich wollte, dass er in mir blieb, denn es fühlte sich gut an. Auch hoffte ich, dass er in mir wieder hart wurde. Es war das erste Mal, dass ich wirklich fühlte, was es bedeutete, miteinander vereint zu sein. Dieses Gefühl, den anderen nicht hergeben zu wollen, hatte ich bisher noch nie erlebt, und ich würde es auskosten, solange wie es möglich war. Wir hielten einander fest und streichelten uns, wobei jede Berührung von ihm sich wie ein kleiner elektrischer Schlag anfühlte. Ich weiß nicht, wie lange wir dort so lagen, aber irgendwann merkte ich in mir, wie er wuchs. Seine Küsse wurden gieriger, seine starken Hände packten meine Hüften, als würde er mich in eine neue Position steuern wollen. Wir küssten und berührten uns, genossen einander zur gleichen Zeit.

Langsam, wie zuvor, begann er mit wundervollen langen Stößen und wuchs dabei zu einer fast schmerzhaften Größe heran. Ich hatte den Eindruck, sein Schwanz wurde noch härter als zuvor. Er bearbeitete mich, bis ich so geil war, dass der Saft aus mir herauslief. Ich stöhnte bereits heftig und sehnte mich nach mehr, als er sich plötzlich aus mir zurückzog und mich an den Händen zum Aufstehen brachte. Er dirigierte mich zum Ende des Bettes und drehte mich sanft, aber bestimmt, um, während seine Hände meinen Arsch berührten. In dem Moment verstand ich, was er wollte und ich bückte mich willig nach vorn. Ich hatte gerade meine Position gefunden, als ich ihn bereits wieder mit aller Kraft und Härte, die er zu bieten hatte, in mir spürte. Auch er stöhnte lauter als zuvor. Es schien ihm zu gefallen – ebenso wie mir.

Gerade, als ich das Gefühl hatte, wir beide steuerten auf den nächsten Höhepunkt zu, zog er sich aus mir heraus, um hinter mir in die Knie zu gehen und meine angeschwollenen Lippen zu lecken. Dieses Gefühl übertraf alles Bisherige! Damit hatte ich nicht gerechnet. Es fühlte sich einfach großartig an! Ich kannte jetzt keine Zurückhaltung mehr, es war mir egal, ob mich jemand hörte, ich musste einfach schreien. Er nahm zwei Finger an meine Perle, um sie kreisend zu verwöhnen, während er mich leckte. Dies trieb mich endgültig in den Wahnsinn! Kurz bevor ich kam, stand er auf und beendete sein Werk mit harten klatschenden Stößen. Während ich nur noch Sterne sah, fühlte ich, wie sein heißer Samen in mich lief.

Er blieb in mir und wartete einige Zeit, bevor er sich langsam zurückzog. Als ich mich aufrichten wollte, fühlte ich erneut seine Zunge an meiner Möse. Dass er mich so verwöhnte, faszinierte mich am meisten, denn dieses Potenzial hat bisher noch keiner meiner Liebhaber gehabt.

Er biss mir kurz in die rechte Pobacke und legte sich zu mir. Wir nahmen uns erneut in den Arm und berührten und küssten uns lange Zeit.

Irgendwann gab er mir einen innigen, deutlichen Kuss und stand auf. Traurig und verwirrt wusste ich zuerst nicht warum, doch dann wurde mir klar, es war Zeit zu gehen. Er verließ das Bett und setzte sich einige Meter weiter in einen Sessel mit dem Rücken zur Tür. Die Reste meines zerrissenen Slips konnte ich nicht mehr finden, doch meinen BH ertastete ich mit den Füßen. Nur einen Spalt die Tür öffnend, schlüpfte ich schnell hinaus, ergriff meinen Mantel und lief in Richtung Haustür. Die Angst, dass er mir folgte oder mich doch im Licht sehen wollte, ließ mich schnell zu meinem Auto laufen.

Nass zwischen den Beinen, aufgeregt und mit einem Dauergrinsen im Gesicht, startete ich den Motor und machte mich auf den Weg nach Hause.

Dort überlegte ich zu duschen, entschied mich aber anders. Ich wollte seinen Geruch ein wenig länger in und an mir behalten. Lächelnd ging ich ins Bett, nicht, ohne vorher noch einen Blick auf mein Smartphone zu werfen und siehe da, er hatte geschrieben.

»Vielen Dank für dieses wirklich reizende Erlebnis. Ich würde mich über eine Wiederholung freuen. Gruß Tom.«

Nach kurzer Konversation waren wir uns bereits einig: In vier Tagen wollten wir uns erneut treffen. Ich bereitete mich intensiver auf unser Treffen vor als beim ersten Date. Selbst bei der Arbeit überlegte ich, was ich noch ausprobieren wollte. Was hatte ich mich bisher nicht getraut und konnte es jetzt ausleben? Was konnte ich ihm als neuen Reiz anbieten? Obwohl es schon fordernd genug war, dass wir nicht miteinander sprachen und nicht wussten, wie der andere aussah. Ich hätte schon gern ein Foto von ihm gesehen, doch was, wenn das meine Fantasie von ihm im negativen Sinne zerstörte? Auch für ihn war es etwas Besonderes, das hatte er in seiner zweiten Nachricht bestätigt. Wie oft vögelte ein Mann auch eine völlig fremde Frau in der Dunkelheit?

Diesmal entschied ich mich für weniger teure Unterwäsche, schließlich wusste ich nun, was damit passieren würde. Sollten wir jemals den Mut aufbringen, uns im Hellen zu lieben, würde sich die Investition wieder lohnen.

***

Die Tage bis zum nächsten Treffen vergingen viel zu langsam und ich war bei allem, was ich tat, abgelenkt und mit meinem Kopf woanders. Nachts, wenn ich im Bett lag, stellte ich mir vor, was wir miteinander tun würden. Allein die Vorfreude auf unser Treffen ließ mich lächeln.

Um mich auch körperlich besser vorbereiten zu können, ging ich mit einer Freundin zum Sexshop in der City. Liebeskugeln waren mein Ziel, so konnte ich mich innerlich dehnen und ihn bereitwilliger in mir aufnehmen. Außerdem sollten sie wirklich Freude machen und den Muskel trainieren, es konnte also nur von Vorteil sein. Meine Freundin wusste nichts von meinen geheimen Treffen und dachte, dass ich die Kugeln für mein eigenes Vergnügen haben wollte. Ich hatte überlegt, es ihr zu erzählen, aber sie würde es nicht verstehen und mir einreden wollen, wie schlampig ich mich benahm. Das zwischen mir und Tom war etwas sehr Persönliches, das ich vorerst mit niemandem teilen wollte.

»In welcher Farbe willst du denn deine Kugeln?«, holte sie mich in die Realität zurück, als wir vor dem entsprechenden Regal standen.

»Ich glaube, die spielt keine Rolle, wenn sie erst mal drin sind«, sagte ich abgelenkt.

Wichtiger war die Anzahl der Kugeln und der Durchmesser, schließlich wollte ich mich nicht gleich überfordern. Am

Ende wählte ich eine Variante mit drei kleinen Kugeln aus weichem Silikon.

Nach dem Einkauf gingen wir noch etwas essen und tratschten über die üblichen belanglosen Dinge. Ich versuchte, mich zu konzentrieren und ihr zuzuhören, obwohl das Thema mich furchtbar langweilte.

Kaum zu Hause, packte ich die Kugeln aus und testete, wie sie sich in mir anfühlten. Es war ungewohnt und anders als erwartet, doch auf jeden Fall gut. Ich ließ sie eine halbe Stunde in mir und bewegte mich damit vorsichtig durch die Wohnung, um mich an das Gefühl zu gewöhnen.

Jeden Tag schrieben wir miteinander und tauschen unsere Fantasien aus, wobei Tom nichts Außergewöhnliches vermisste, lediglich die Nähe zu einer anderen Person fehlte ihm. Und er erwähnte meine oralen Fähigkeiten, von denen er mehr erfahren wollte.

»Bitte saug das nächste Mal auch an meinen Hoden, allein der Gedanke daran lässt mich fast explodieren«, schrieb er.

Dies würde ich ihm gern erfüllen, dachte ich grinsend und ich hörte schon fast, wie er um Gnade winselnd unter mir lag.

Für meine Wünsche war er jederzeit offen, auch über das Tragen der Kugeln informierte ich ihn, damit er sich nicht wunderte, wenn ich das nächste Mal in seinem Zimmer stand.

»Die Idee gefällt mir wirklich gut, dann werde ich sie vorsichtig im richtigen Moment aus dir herausholen«, schrieb er.

Unsere Wünsche füreinander waren nicht außergewöhnlich, aber es machte trotzdem einen Unterschied, dass wir sie uns vorher nannten. So konnten wir gezielt aufeinander eingehen und das Erlebnis würde dadurch noch etwas besser werden. Auch bei ihm regte sich nun der Wunsch danach, mich zu sehen. Wir sprachen über dieses Thema. Sein Verlangen nach mehr Informationen über mich war allerdings noch größer als meins. Ich fand es gerade reizvoll und wunderbar, dass ich nichts wusste, und meine Fantasie dadurch beflügelt wurde. Vielleicht würde es alles zerstören, wenn ich wüsste, wer er war, wo er arbeitete, was er für Hobbys oder Laster hatte.

***

Der zweite Abend kam und wir wiederholten das gleiche Spiel wie beim letzten Mal. Kaum schlüpfte ich durch die Tür, waren seine Hände schon an mir. Er hatte direkt neben der Tür gewartet und mich gegriffen, bevor ich sie ganz schließen konnte. Vermutlich wollte er nicht nur meine Silhouette erhaschen und hatte versucht, durch das schwache Licht des Flurs ein wenig mehr von mir sehen zu können.

Er war bereits nackt und voller Erwartung, was mich freute und auch ein wenig stolz machte. Als ich seinen Oberkörper mit meinen Lippen begrüßte, schmeckte ich seine Haut. Es war etwas, das mich an Weihnachtsplätzchen erinnerte. Würzig, nicht alltäglich. Wieder küssten wir uns so wundervoll langsam wie beim letzten Mal, und ich wollte ihm direkt seinen Wunsch, den er geäußert hatte, erfüllen. Ich ging vor ihm auf die Knie, umfasste mit beiden Händen seine Pobacken und hielt mich daran fest. Ich hörte sein genussvolles Seufzen, während ich mit dem Mund an seinen Hoden saugte. Meine rechte Hand glitt nach vorn und umfasste sein prächtiges Stück, während ich weiter das tat, was ich wirklich gut konnte.

Nach wenigen Minuten fassten seine Hände nach meinen Schultern und dirigierten mich zurück in den Stand. Ich schlang meine Arme um seinen Hals, ließ mich einfach gegen ihn gelehnt von seinen Händen erkunden. Ich stellte mich etwas breitbeiniger hin, damit er den besten Zugang zu meinem Innersten hatte. Er tastete sich in die richtige Richtung und fand das kleine Bändchen, was die Liebeskugeln in mir hielt. Langsam und bewusst kreiste er über meine Knospe und küsste mich gleichzeitig so intensiv, dass es keine Steigerung mehr geben konnte. Ich berührte seine Brustwarzen, suchte seine Augen, seine Hände ... wollte alles von ihm einmal berühren. Wir erkundeten einander, als wäre der andere ein fremdes Land, das wir voller Freude entdeckten.

Wir fanden zurück auf sein Bett. Ich legte mich auf den Rücken. Er spreizte meine Beine und seine Zunge bahnte sich den Weg zu meiner bereits tropfenden Spalte. Er verwöhnte mich unglaublich lange und zärtlich, während ich merkte, dass er mit seiner rechten Hand an sich selbst arbeitete, um sich vorzubereiten. Ich wand mich vor Lust wie ein Aal, der ihm entkommen wollte, obwohl ich nichts Geileres bisher erlebt hatte als das. Nicht nur ich stöhnte heftig, er wurde ebenfalls lauter. Als ich das Gefühl hatte, es könnte nicht geiler werden, merkte ich, wie er die Kugeln aus mir herauszog und kaum eine Sekunde später mit seinem Schwanz in mich stieß. Das eine wie das andere fühlte sich unterschiedlich und doch so wundervoll an. Diesmal waren es kurze harte Stöße, als wenn er genau wusste, dass ich sie so brauchen würde, um zu kommen. Mein Becken streckte sich ihm entgegen. Wir befanden uns beide zur gleichen Zeit in einem wunderbaren Moment der Ekstase. Diesmal kam er nicht in mir, sondern zog seinen Schwanz aus mir heraus und spritzte seinen heißen Saft auf mich. Ich keuchte überrascht und genoss das Gefühl, wie die wertvolle Flüssigkeit an meinen Schenkeln hinunterlief.

Doch wir beide wussten, dass wir noch nicht fertig miteinander waren. Wir wollten mehr. Ich wollte ihm zeigen, dass auch mein Talent mit der Zunge noch steigerungsfähig war. Wieder lag er auf mir und versuchte, seinen Puls auf ein normales Niveau herunterzubekommen. Er rollte sich zur Seite, lag auf dem Rücken und atmete schwer.

Kaum hatte ich mich erholt, setzte ich mich auf und ertastete seine Körpermitte. Er griff mit den Händen nach mir, um mich davon abzuhalten und für einen kurzen Moment machte es den Eindruck, als wollte er etwas sagen, doch er hielt sich im letzten Moment zurück. Immer noch schwer atmend, ließ er mich gewähren und ich nutzte alle Tricks, die ich jemals kennengelernt hatte, um sein bestes Stück wieder zu wecken. Willenlos lag er unter mir, kaum dazu in der Lage, sich zu wehren. Wie ein Opfer meiner Lust ließ er sich benutzen und versuchte auch nicht, zu widersprechen. Als er bereit war, mich zu füllen, setzte ich mich auf ihn und ließ ihn langsam in mich hineingleiten. Ohne Rücksicht zu nehmen, setzte ich mich bis zum Anschlag auf seinen Schwanz. Offensichtlich hatte er damit nicht gerechnet, denn ich hörte ein leises: »Ach du Scheiße!«

Grinsend begann ich ihn zu reiten. Vielleicht konnte ich ihm noch mehr Flüche entlocken. Seine Hände krallten sich in meinen Hintern und versuchten, mich zu steuern. Doch ich ignorierte seine Vorgaben und kümmerte mich nur um mich selbst. Ich mochte es, zu tun, was ich wollte, ohne darüber nachdenken zu müssen, ob ihm das gefiel oder nicht. Konsequent und in meinem persönlichen Rhythmus stieß ich immer wieder seinen Schwanz in mich. Anfangs versuchte er noch, mir sein Tempo aufzuzwingen, doch bald gab er es auf und ließ sich völlig fallen. Ich ritt meinem nächsten Orgasmus entgegen, während ich spürte, wie sein Schwanz zu pumpen begann. Es fühlte sich an, als würde jeden Moment ein kleiner Vulkan in mir explodieren. Das Bett unter uns bebte, denn er hatte das Kopfteil fest mit seinen Händen umklammert, um sich irgendwo festhalten zu können.

Ich ritt ihn schneller, um ihm die Chance zu geben, sich in mir zu ergießen. Mit einem lauten Schrei tat er es und genau das löste in mir meinen ersten multiplen Orgasmus aus.

Während ich fühlte, wie er sich in mir ergoss, lief die Nässe auch aus mir und mischte sich mit der seinen.

Schwer keuchend und nach Luft ringend blieb ich auf ihm sitzen. Seine Fingerspitzen wanderten an mir entlang und es war, als würden sie auf jedem feinen Härchen meiner Haut ein winziges Feuer entfachen. Wir hatten vereinbart, nicht miteinander zu sprechen, aber das, was wir taten, war zu wichtig, als dass wir es wortlos miteinander tun konnten.

Seine Fürsorge brach das also Verbot, als er mich fragte: »Alles okay?«

Seine Stimme war dunkel, warm und sehr angenehm. Er stemmte sich auf und nahm mich fest in dem Arm.

Ich nickte nur, denn zum Sprechen war ich gerade nicht in der Lage. So saßen wir einfach dort und hielten einander fest.

Irgendwann atmeten wir beide wieder ruhiger und er löste sich ganz langsam von mir. Es fiel uns beiden schwerer als beim letzten Mal, denn wir waren uns diesmal sehr viel näher gekommen.

Ich fragte mich, wie ich jemandem vertrauen konnte, aber zeitgleich nicht den Mut aufbrachte, ihm ins Gesicht zu schauen. Vielleicht gerade, weil er so intim mit mir gewesen war? Was war, wenn ich ihm nicht gefiel und die Treffen danach vorbei waren? Er konnte meine Figur fühlen, aber mein Gesicht blieb ihm verborgen.

Irgendwann stand ich auf und stieg vom Bett. Er ließ mich gewähren, hielt mich nicht fest, denn auch er wusste, unser Abend für heute war beendet. Ich wäre gern noch geblieben und mit ihm zusammen eingeschlafen, aber das Risiko am nächsten Morgen gesehen zu werden, war mir zu groß. Was war, wenn wir beim Aufwachen aus Gewohnheit die Lampe einschalteten oder die Gardinen aufzogen? Zu spät würden wir dann merken, dass dieses Unbekannte zwischen uns durchbrochen worden war.

Als ich die Tür hinter mir zuzog, entdeckte ich in der Küche ein absolutes Durcheinander, das mir beim Eintreten nicht aufgefallen war. Ich warf einen Blick zurück in den Flur und fand dort mehrere Türen vor. Zum ersten Mal überlegte ich, dass er hier vielleicht nicht allein wohnte, dafür war das Haus einfach zu groß. Dem Chaos nach zu urteilen, war es eine reine Männer-WG.

Ich saß im Auto. Bevor ich den Motor startete, schaute ich auf mein Handy, um zu sehen, ob er geschrieben hatte.

»Das nächste Mal will ich dich sehen«, stand dort bereits.

»Und was, wenn wir einander nicht gefallen?«, erwiderte ich.

»Das halte ich für sehr unwahrscheinlich.«

»Lass mich in Ruhe darüber nachdenken.«

»Mein Schwanz kribbelt immer noch von deinem Saft.«

»Es war mir eine Ehre, dich zu unterwerfen.«

»Miststück ;-)«

Einer spontanen Eingebung folgend schrieb ich, bevor es mir klar war: »Ich möchte, dass du mich anal entjungferst.«

In meinen meinem Kopf war es klar und logisch, ich wollte wissen, wie es sich anfühlte, und er war genau der Richtige dafür.

»Ich tue alles, was du willst. Doch dir muss klar sein, dass du mir dann endgültig verfallen wirst.«

»Das Risiko gehe ich ein.«

Wir wollten und konnten beide nicht mehrere Tage bis zum nächsten Treffen warten. Also wurde direkt die nächste Nacht miteinander vereinbart. Bereits nach so kurzer Zeit hatte ich Sehnsucht nach ihm, und konnte mir nicht vorstellen, in Zukunft ohne ihn zu sein.

***

Während meiner alltäglichen Erledigungen am nächsten Tag lächelte ich und war abwesend. Ich vergriff mich im Regal und kaufte Vollkornnudeln, die ich auf den Tod hasste. Normalerweise wäre das ein Grund gewesen, mich aufzuregen, doch ich war derzeit so ausgeglichen, dass ich mir nicht mal mehr die Mühe machte, mich darüber zu ärgern. Der Arbeitstag ging schnell vorüber und bevor ich mir Sorgen machen konnte, dass ich mit meinem Wunsch nach einer analen Erfahrung zu weit gegangen war, war ich bereits auf dem Weg zu ihm. Zur Not konnte ich immer noch abbrechen, aber ich hatte nicht das Gefühl, dass dies notwendig sein würde. Er würde vorsichtig sein.

***

Bei meinem dritten Besuch bei ihm war es irgendwie anders. Auf der einen Seite war es vertraut, denn ich kannte mich nun ein wenig aus, wusste wo er war und teilweise auch, was auf mich zukommen würde. Auf der anderen Seite würde es für mich eine Premiere werden und eine neue weitere Ebene der Verbundenheit zwischen uns.

Er hatte sich meinem Wunsch entsprechend vorbereitet, denn nachdem wir uns das erste Mal geliebt hatten, raschelte etwas in der Nähe des Kopfendes des Bettes und ich fühlte hartes Plastik auf meinem Bauch. Ein weiterer Griff brachte eine kleine Flasche hervor, zumindest fühlte es sich so an. Beim genaueren Ertasten erkannte ich, dass es sich um Gleitgel und einen schmalen Dildo handeln musste.

»Dreh dich um«, flüsterte er leise.

Ich gehorchte ihm aufgeregt und legte mich auf den Bauch. Er schob ein großes Kissen vor meine Scham, um damit meinen Hintern emporzuheben. Etwas breitbeinig und mit erhobenem Hinterteil lag ich nun vor ihm und ließ ihn sein Vorhaben in die Tat umsetzen. Er leckte mit gewohnter Kreativität erst meine Spalte und dann langsam den Anus. Die Nervenenden, die dort lagen, reagierten und zeigten mir neue Empfindungen. Irgendwann entspannte ich mich und war mehr neugierig als ängstlich auf das, was nun geschehen würde.

Vorsichtig begann er, den Dildo in mich einzuführen. Dieser hatte eine sehr schmale Spitze und wurde nach hinten breiter, um mich stückchenweise zu dehnen und auf ihn vorzubereiten. Ich hatte damit gerechnet, dass es schmerzhaft sein würde, doch war es einfach nur ungewohnt. Immer wieder zog er ihn aus mir heraus und gab mir die Möglichkeit, mich kurz zu erholen. Mit viel Zeit und Geduld arbeitete er sich vor, bis ich das komplette Spielzeug in mir aufgenommen hatte und seine Hand an meiner Hinterseite fühlen konnte.

»Bist du bereit für mich?«, sicherte er sich bei mir ab.

»Ja, ich will wissen, wie es ist«, antwortete ich ihm flüsternd.

Der harte Plastikstab ließ mich interessiert wartend zurück. Bisher war ich erregt, aber nicht so in Geilheit verfallen wie bei unseren vorherigen Vereinigungen. Ich hörte, wie er das Gleitgel auch an sich selbst benutzte, um es uns beiden so angenehm und leicht wie möglich zu machen.

Als ich seine Spitze an mir spürte, kehrte ein wenig Angst zurück und ich krallte mich in das Laken. Er schien zu fühlen, dass ich mich verkrampfte, und zog sich wieder zurück.

»Du musst keine Angst haben, ich werde dir nicht wehtun.«

Er legte sich auf gleicher Höhe neben mich, küsste meinen Nacken und meine Schultern.

»Tut mir leid. Ich bin einfach nur nervös«, entschuldigte ich mich.

»Atme einfach entspannt und genieße das, was kommt. Sobald es unangenehm wird, meldest du dich und ich höre sofort auf.«

Ich gab einen zustimmenden leisen Ton von mir und er ging wieder hinter mich. Er hatte recht, ich musste mich vor nichts fürchten, und ein Teil meiner Spannung fiel von mir ab. Er setzte neu an und in dem Moment wollte ich wissen, wie er sich in mir anfühlen würde, genau an dem Ort, wo er gerade war. Langsam und sehr vorsichtig arbeitete er sich zentimeterweise in mich vor. Mit jedem Zentimeter empfand ich mehr Lust, eine andere Lust, als ich sie bisher kennengelernt hatte. Er nutzte seine rechte Hand, um gleichzeitig mit zwei Fingern in meine Vagina einzudringen oder meine Klitoris zu berühren.

Es war unbeschreiblich ... wunderschön ... Ich hätte es mit niemand anderem tun wollen. Auch er schien diese Erfahrung zu genießen, aber hielt sich zurück, bis ich einen fantastischen Orgasmus erlebte. Seine Stöße in meinem verwundbaren Bereich ließen mich aufschreien und nach mehr verlangen.

Nachdem ich gekommen war, winselte ich: »Tom, bitte ...« Zu mehr war ich nicht in der Lage. Doch er brauchte noch vier lange qualvolle Stöße, um mich und sich selbst zu erlösen. Nachdem er sich vorsichtig von mir gelöst hatte, blieb das Gefühl, gedehnt worden zu sein, zurück.

Ich drehte mich auf den Rücken und wartete, dass er zu mir kam, um den Abend so romantisch zu beenden, wie die vorherigen. Und zum Glück ließ er nicht lange auf sich warten. Er war, trotz seiner bisherigen Anstrengungen, für mich da und liebkoste meine Brüste. Der Mann war ein wahrer Glücksgriff, nicht nur als Liebhaber. Jemand, der so sehr Rücksicht nahm, konnte auch für mehr nicht verkehrt sein. Ich musste den Mut aufbringen, ihm im Licht zu begegnen, aber nicht heute.

»Bin sofort zurück«, raunte er sanft in mein Ohr.

Genüsslich wickelte ich mich in die Decke und blieb liegen. Diesmal wollte ich ein wenig länger bleiben. Ich hörte, wie er aufstand und in Richtung Bad verschwand. Bereits zwei Minuten später war er wieder da und legte sich neben mich. Wir genossen diese ruhige Zeit danach.

Bald darauf verließ ich vorsichtig das Bett. Als ich mich angezogen hatte, hörte ich plötzlich Stimmen im Flur. Verschiedene Stimmen, mehr als eine Person. Wenn ich jetzt rausging, würden die mich sehen, überlegte ich panisch. Jetzt war schnelles Handeln gefragt.

Tom war anscheinend eingedöst, denn er machte keine Anstalten, mich aufzuhalten oder mir zu folgen. Als ich die Tür öffnete, sah ich zwei Mitbewohner und aus dem Augenwinkel noch einen dritten, der im Garten stand. Der Typ, der mir am nächsten war, zückte sein Handy, um ein Foto von mir zu machen. So hatten die sich das also gedacht! Schnell wählte ich den Angriff nach vorn, entriss ihm das Smartphone und rannte zur Tür. Ich zog den Schlüssel von innen raus, warf die Tür zu und schloss von außen wieder ab. Jetzt konnten meine Verfolger nur durch das Fenster kriechen oder hinten durch den Garten laufen. Nie in meinem Leben war ich so schnell gerannt wie jetzt, immer mein Auto im Blick, bloß nicht umdrehen. Mir ging bereits die Puste aus, aber getrieben von der Panik, schaffte ich es, das Tempo zu halten, bis mich nur noch wenige Schritte trennten. Ich drückte den Autoschlüssel, der Wagen blinkte, aber bevor ich an den Türgriff kam, spürte ich, wie mich jemand von hinten packte und ich somit eine Vollbremsung machte. Durch den Schwung landeten wir beide heftig an der Fahrertür und leise fluchend drehte ich mich um.

Was ich sah, war er! Ich wusste es sofort, denn die Art, wie er mich festhielt, kam mir vertraut vor, außerdem nahm ich wieder den zarten Geruch von Marzipan wahr.

»Ich hab doch hinter mir abgeschlossen!«, keuchte ich protestierend.

»Stimmt. Aber damit hast du meine Mitbewohner eingesperrt. Einer hatte vorher schnell mit mir getauscht und ist an meiner Stelle zu dir in mein Zimmer zurück. Ich wollte in der ersten Reihe stehen, wenn du rauskommst, und hab vor dem Haus auf dich gewartet«, triumphierte er.

Gut durchdacht, das musste ich ihm lassen. Fasziniert sah ich mir sein Gesicht an. Es hatte etwas Wildes in sich, aber seine Augen waren grenzenlos liebevoll. Jetzt, wo wir uns in die Augen sehen konnten, war das Gefühl zwischen uns noch intensiver als vorher.

»Es ist schön, dich zu sehen ... Wirklich schön!«, sagte er zwinkernd.

Ich lächelte und entschied mich, ihn mit einem Kuss zu bestrafen.

HEISSES VERLANGEN

Die kleine Luke in der schweren Metalltür ging zur Seite und gab ein kleines Loch frei. Eine dreckige Hand schob einen noch dreckigeren Teller mit undefinierbarem Essen hinein. Von außen wurde der Spalt wieder verschlossen, es war die einzige Abwechslung, die ich täglich bekam. Ich hörte schwere Schritte, die draußen auf dem Gang zur nächsten Tür gingen. Ich saß etwa zwei Meter von der Tür entfernt und meine Glieder schmerzten, als ich mich auf alle viere brachte, um meinem kärglichen Mahl entgegenzukriechen.

Das Essen war noch nie warm gewesen. Ich bemühte mich, jeden Bissen möglichst lange zu kauen, um meinem Körper mehr Nahrung vorzuspielen, als er tatsächlich bekam. Das einzige Fenster, was ich hatte, zeigte auf die Südseite und ließ zum Glück jeden Tag etwas Sonne hinein. Ich hörte den Wind in den Bäumen, fremde Stimmen und manchmal auch das Geschrei aus den Nachbarzellen.

Man sagt, im Leben bereut man nichts so sehr, wie die Dinge, die man nicht getan hat. Doch ich bereute seit meiner Ankunft meine Dummheit, die mich verleitet hatte, mich bei einem dilettantischen Drogenhandel zu beteiligen. Es ist leichtes und schnell verdientes Geld, hatten sie gesagt, doch anstatt auf mein Bauchgefühl zu hören, hatte ich nur genickt und nicht widersprochen. Schon fünfzig Kilometer vor der Grenze hatten sie uns angehalten. Der Nachbar hatte uns verraten. Niemand hatte diesen Fall bedacht. Wir hatten keine Aussagen abgesprochen und es blieb keine Zeit, nach den anderen während des Zugriffs Ausschau zu halten. Wir alle wurden verhaftet. Als einzige Frau in dem Quartett, wurde ich von den drei anderen getrennt und in Einzelhaft gesteckt. Drei Tage nach meiner Inhaftierung besuchte mich ein einheimischer Anwalt, der etwas Englisch sprach. Er informierte mich darüber, dass ich wegen illegalem Drogenhandel festgesetzt worden war und meine Verhandlung abwarten musste. Eine Aussage wurde nicht aufgenommen, anscheinend stand das Urteil bereits fest. Bis zur Verhandlung konnten Monate vergehen, da die Gefängnisse überfüllt waren und die Richter angewiesen wären, härtere Fälle zuerst zu verhandeln. Meine Frage nach einem Kontakt zur Botschaft meines Heimatlandes wurde konsequent ignoriert.

Einmal die Woche ließ man uns hinaus und brachte jeden einzeln ins Freie. Wir Gefangenen begegnen uns nie. Draußen war eine Art Dusche montiert, an der ich mich mit eiskaltem Wasser und einem Stück Seife waschen konnte. Der Vorhang war so dünn, dass alle Wärter im Hof mich beobachten konnten, während ich mich schrubbte und versuchte, mich bestmöglich zu reinigen. Mein Schamgefühl war längst dem Wunsch nach Sauberkeit gewichen, an einem Ort wie diesem durfte einem nichts mehr peinlich sein. Bei meiner wöchentlichen Säuberung, und auch meinen Blicken aus dem Fenster, konnte ich sehen, dass außer mir anscheinend nur Männer an diesem Ort waren. Die anderen waren in Gemeinschaftszellen, konnten miteinander sprechen, während ich völlig isoliert in einem kleinen Außentrakt untergebracht war. Niemand hatte bei meiner Festnahme unnötige Gewalt angewendet und auch seitdem nicht. Doch ich fühlte ihre gierigen Blicke. Auch wenn ich ihre Sprache nicht sprach, konnte ich mir denken, worüber sie redeten, während sie mich ansahen. Nicht nur, dass ich die einzige Frau an diesem Ort zu sein schien, auch mein Erscheinungsbild mit den blonden Haaren und blauen Augen war etwas Besonderes in dieser Wüste am anderen Ende der Welt.

Einer der Wärter übte einen besonderen Reiz auf mich aus. Ich war selbst erstaunt, dass ich an einem Ort wie diesem tatsächlich auf attraktive Männer reagierte, aber er hatte definitiv etwas Besonderes an sich. Sein Name war Gazin und er hatte die Position eines Stellvertreters des Gefängnisdirektors.

Ab und zu öffneten sie die Metalltür meiner Zelle ganz, dann trat Gazin einen Schritt hinein und schaute, ob ich noch lebte. Selten sprach er, meistens sah er mich ein oder zwei Minuten an, ging dann wieder hinaus und schloss ab. Sein Blick war voller Neugier und Sehnsucht. Ich fragte mich manchmal, ob ich mit ihm verhandeln könnte. An einem Ort wie diesen waren plötzlich Dinge möglich, die man zu Hause niemals in Erwägung gezogen hätte. Aber ungewöhnliche Situationen erfordern entsprechende Maßnahmen.

Meine Kleidung hatte man mir abgenommen. Ich besaß lediglich eine Art Kleid, das über den Kopf gezogen und mit einem Seil an den Hüften zusammengebunden wurde. Es gab keine Möbel, nur ein Loch im Boden an der hinteren Wand und harte Steinplatten, die mit dreckigem Stroh belegt waren.

Alles, was man hatte, waren die eigenen Gedanken. Nie zuvor hatte ich mir jemals so intensiv überlegt, ob ich das Leben lebte, was ich tatsächlich führen wollte. Die meisten meiner Handlungen waren fremdbestimmt, ebenso wie der Drogenhandel, der mich hierher gebracht hatte. Wenig hatte ich in meinem Leben selbst entschieden, meist war ich eine Mitläuferin gewesen, die nicht den Mut gehabt hatte, rechtzeitig Nein zu sagen.

***

An einem Tag, der noch heißer schien als die vorherigen, bekam ich überraschend Besuch von einem anderen Anwalt.

»Mein Name ist McArthur. Ich wurde von einem Gefängnisaufseher, mit dem ich privat befreundet bin, darum gebeten, mich um Ihren Fall zu kümmern. Es ist nicht viel über Ihren Fall dokumentiert, aber das, was ich gefunden habe, gibt mir keine Grundlage, eine Freilassung für Sie zu fordern. Sie haben kein Alibi und niemand kann beweisen, dass Sie bei der Tat nicht dabei gewesen waren. Zudem gibt es ein Geständnis, was Sie selbst unterschrieben haben.«

»Dieses Geständnis, wie Sie es nennen, ist in arabischer Schrift. Ich *musste* es unterschreiben! Dafür wurde ich entsprechend unter Druck gesetzt. Ich habe keine Ahnung, was ich dort unterzeichnet habe.«

»Dieses Argument wird vor Gericht in diesem Land leider keine Rolle spielen. Wenn Sie Glück haben, bekommen Sie acht bis zehn Jahre«, sagte er ruhig.

»Wenn ich Glück habe, fast ein Jahrzehnt hinter Gittern?! Und wenn ich Pech habe, hängt man mich dann?«, fragte ich bitter lachend.

»Ja«, war alles, was er antwortete, ohne eine Miene zu verziehen.

Schockiert schwieg ich einen Moment. »Sie sagten, ein Wärter hat Sie zu mir geschickt. Darf ich fragen, wer das gewesen ist. Ich kenne hier niemanden und habe auch keinerlei direkten Kontakt mit den Leuten.«

»Sein Name ist Gazin. Wir sind hier einige Zeit zusammen zur internationalen Schule gegangen, als meine Eltern in dem

Land als Ingenieure tätig gewesen waren, daher spricht er auch Ihre Sprache.«

Verwirrt schwieg ich. Ausgerechnet der reizvolle, aber stille Gazin half mir? Und er konnte sich mit mir unterhalten, aber tat es nicht? Warum?

Man brachte mich zurück in meine Zelle und überließ mich meinen Gedanken.

***

Als mein Wärter Gazin am nächsten Morgen seinen Kontrollbesuch machte, hatte ich den Eindruck, etwas war anders. Diesmal schloss er die Tür hinter sich und blieb wortlos stehen. Er sagte nichts, blieb einfach nur dort. Ich wusste nicht, was passieren würde und stand auf. Gazin näherte sich mir langsam und sah mir dabei die ganze Zeit tief in die Augen. Nur wenige Zentimeter blieb er vor mir stehen. So dicht vor mir, roch ich den Orient an ihm. Der Pfefferminztee mit den Unmengen Zucker, den er getrunken hatte und das einheimische Kraut, was sein Kumpan neben ihm geraucht hatte. Der Qualm war in seine Kleidung eingezogen, dazu mischte sich der Geruch von männlichem Schweiß an seinem Körper. Nichts davon wirkte abstoßend auf mich, sondern es war eine interessante exotische Mischung, die ich sehr reizvoll fand.

Ich sah ihn an und wartete, was passieren würde. Wie in Zeitlupe kamen seine Lippen näher an meine und ich schloss die Augen. Die Berührung war warm, vorsichtig, fast schon romantisch. Seine Hände berührten meine Hüften. Der geringe Abstand zwischen uns verschwand, als er mich mit seinem Gewicht gegen die Wand drückte. Ich berühre ihn nicht, aber erwiderte seinen Kuss. Seine Zunge wagte sich vor und ging auf Erkundung. Mehrere Minuten standen wir so und genossen den Moment.

Plötzlich hörte man von draußen Tumult, Schreie, etwas, das wie ein umstürzendes Regal klang. Wir lösten uns voneinander und ich sah in seinem Blick, dass auch er vergessen hatte, wo wir beide waren. Schnell verließ er meine Zelle. Hektisch wurde der Schlüssel meiner Tür umgedreht und ich war wieder allein.

Verwirrt, geschockt und doch etwas lächelnd blieb ich zurück. Ich hatte mich also nicht geirrt. Die Sehnsucht in seinem Blick hatte ich richtig gedeutet. Trotzdem kam es überraschend und ich war gespannt, was bei seinem nächsten Besuch passieren würde. Ich war an einem Ort, an dem Gewalt herrschte, umso mehr verwunderte es mich, solche Sanftmut vorzufinden.

***

Am nächsten Morgen wartete ich gespannt auf seine Rückkehr, doch es öffnete sich nur die Luke mit dem Essen, nicht die Tür. Ich fragte mich den ganzen Tag über, warum er das getan hatte, und ob er es wiederholen würde. Als es Nacht wurde, legte sich fast absolute Stille über das Areal unseres Gefängnisses. Der Wind rauschte in den Palmblättern – anders, als in den Laubbäumen meiner Heimat. Ich erinnerte mich, wie ich mit meinem großen Bruder durch die Wälder gelaufen war, um die Natur und ihre Geheimnisse zu entdecken. Es war schön, sich an solche Dinge zu erinnern, es machte den Aufenthalt hier etwas leichter.

***

Am nächsten Morgen wurde meine Zelle ohne Vorwarnung aufgerissen. In der Tür standen drei Wächter, wild gestikulierend und mit Handschellen bewaffnet. Einer stürmte sofort auf mich zu, ergriff meine Handgelenke und drehte sie mir auf den Rücken. Ich schrie auf und wollte gegen die grobe Behandlung protestieren, obwohl ich wusste, dass dies keinen Sinn hatte. Nach einem kurzen Kampf war ich hilflos gefesselt und wurde in Richtung Tür geschubst. Auf jeder Seite ein Wärter, und den dritten hinter mir, wurde ich den langen

Flur entlang in Richtung Ausgang geschoben.

Die gleißende, gnadenlose Sonne blendete mich, sodass ich die Augen schließen musste. Ein paar Augenblicke später konnte ich meine Umgebung genauer erkennen, und sah Paul, einen meiner Mitstreiter, links neben mir stehen. Auch er war gefesselt und machte ein entsprechendes Gesicht. Wir wussten nicht, was hier vor sich ging.

In der Mitte des sandigen Platzes, an dessen Rand wir standen, waren zwei große Holzpfähle aufgestellt, an dessen oberen und unteren Enden sich Seilenden befanden. Ich hatte diese Konstruktion bereits bei meiner Ankunft im Einsatz gesehen. Sie diente dazu, Hände und Füße so festzubinden, dass man wie ein X stand und sich nicht wehren konnte, während man vom Scharfrichter ausgepeitscht wurde. Zwischen den Wärtern entbrannte eine lautstarke Diskussion. Anscheinend ging es darum, welcher von uns beiden zuerst an die Reihe kommen sollte.

Plötzlich erschien Gazin. Bei meinem Anblick machte er ein erschrockenes Gesicht. Er mischte sich in die Diskussion ein, packte mich, und schien wütend darüber, dass ich ebenfalls hier war. Nach einer kurzen klaren Ansage seinerseits an den Wärter, der mich gefesselt hatte, nahm er mich an meinem linken Arm und brachte mich zurück in meine Zelle. Dort befreite er mich von den Handschellen und fragte mich, ob alles in Ordnung wäre.

Ich schaffte es, zu nicken.

Er verschwand wieder.

Verwirrt und ein wenig erleichtert hörte ich, wie draußen weiter diskutiert wurde. Schnell stellte ich mich an mein winziges Fenster, durch das ich auf den Hof hinaussehen konnte. Sie hatten Paul bereits an das Gestell gefesselt und ihm das Oberteil ausgezogen. Ich wusste, was kommen würde, und wollte dabei nicht zusehen. Also setze ich mich auf den Boden und umarmte meine Knie. Selbst in dem Wissen, was kommen würde, kam der erste Peitschenknall für mich überraschend, und ich zuckte schmerzhaft zusammen. Auch wenn ich ihn noch nicht lange kannte, wünschte ich niemandem, diese Tortur durchstehen zu müssen. Es folgten insgesamt zehn Peitschenhiebe. Als ich hörte, es folgte kein weiterer, stand ich auf und schaute nach draußen.

Ich sah, wie sie ihn abschnitten und er kraftlos zu Boden sank. Man trug ihn verletzt zurück in seine Zelle und schloss ab. Der Sinn dieser Aktion war für mich völlig schleierhaft, denn auch er hatte die Tat bereits gestanden.

***

Ich war fast eingeschlafen, als ich hörte, wie das schwere Schloss meiner Tür geöffnet wurde. Ich blieb liegen, aber drehte mich mit dem Gesicht zur Tür, um zu sehen, wer eintreten würde. Es gab ein wenig Mondlicht in meiner Zelle, daher konnte ich einen Umriss erkennen. Erst, als derjenige direkt vor meiner Schlafstatt stand, erkannte ich, dass es Gazin war. Er beobachtete mich. Wir sprachen beide nicht, doch ich sah, wie er vorsichtig seine Waffe und die Schlüssel in einiger Entfernung auf dem Boden ablegte. Er behielt mich die ganze Zeit im Blick, als wollte er meine Reaktion genau einschätzen. Er öffnete seinen Gürtel.

Ich war zwar im ersten Moment erstaunt, aber auch neugierig. Langsam setzte ich mich auf und versuchte, im Dunklen seine Augen zu finden. Er öffnete seine Hose ganz und ich sah, dass er nichts darunter trug. Ich blickte auf das, was zum Vorschein kam und dann wieder in sein Gesicht.

Er machte einen Schritt nach vorn und sein bereits hellwacher Schwanz war in Höhe meines Mundes. Es bedurfte keiner Worte, um mir zu zeigen, was er erwartete. Ohne zu zögern, setzte ich meine Lippen an seine Spitze und begann, ihn zu erkunden. In dem Moment, wo ich ihn berührte, zuckte er kurz zusammen und zog heftig die Luft ein. Ich arbeitete langsam, bewusst, voller Intensität und hatte tatsächlich Genuss an dem, was ich tat. Bereits nach kurzer Zeit nahm ich meine rechte Hand hinzu und spielte alles aus, was ich jemals gelernt hatte. Seine Hände lagen auf meinem Kopf, aber übten keinerlei Druck aus, es war mehr eine Form von gewolltem Kontakt, anstatt einer Vorgabe. Er schmeckte besser als jeder Mann, den ich jemals oral befriedigt hatte, und ich gierte danach, seinen Saft zu kosten. Gazins Atem wurde schneller und auch der Teil von ihm, den ich in meiner Hand hatte, zeigte mir, dass es bald soweit sein würde. Sein Innerstes schoss aus ihm heraus und tief in meine Kehle hinein. Ich saugte so fest ich konnte, um auch den letzten Tropfen aus ihm für mich herauszuholen.

Als ich mich von ihm zurückzog, atmete er immer noch schwer. Unsere Blicke trafen sich und ich erkannte die Lust in seinen Augen. Er streichelte mein Gesicht. Dann machte er einen Schritt zurück, zog sich an, legte seine Waffe um, hob die Schlüssel vom Boden auf und ohne mich anzusehen oder zu beachten, trat er durch die Tür zurück ins Freie.

Ich hätte frustriert sein müssen, schließlich hatte er mich weder berührt noch mit mir gesprochen. Doch es befriedigte mich, wenn ich fühlte, dass ein Mann sich unter mir völlig hingeben konnte. Ich rollte mich auf meiner Schlafstatt ein und überlegte, ob er in den nächsten Tagen noch einen Schritt weitergehen würde.

***

In den kommenden Tagen sah ich ihn nicht wieder und es passierte auch sonst nichts Außergewöhnliches. Das Einzige, was sich für mich änderte, war, dass ich plötzlich zweimal am Tag Essen bekam und dass es wesentlich genießbarer war, als alles, was ich vorher bekommen hatte. Ich vermutete, dass dies mit meinem Einsatz an seinem besten Stück zu tun hatte.

***

Ungefähr eine Woche später hörte ich erneut das Quietschen des Schlüssels in meiner Zellentür. Wieder war es nachts, wieder war es Gazin und wieder legte er alle unwichtigen Teile von sich ab. Als ich mich aufsetzen und den aufgerichteten Teil von ihm in den Mund nehmen wollte, hielt er mich davon ab und schüttelte mit dem Kopf. Er selbst stand bald völlig nackt vor mir, während er mir mein Kleid über die Schultern nach oben zog. Er drückte mich zurück in eine liegende Position und stieg über mich. Ich hatte gehofft, dass er diesmal weiter gehen würde. Allein beim Gedanken daran, seinen wohlschmeckenden Schwanz in mir spüren zu können, liefen meine Säfte zusammen.

Er streichelte jeden Zentimeter meines Gesichtes und hielt die Augen geöffnet, während er mich küsste. Das Gefühl für Zeit ging verloren. Er arbeitete sich über meinen Hals zu meinen Brüsten vor, war geradezu schmerzhaft zärtlich und gab mir zu verstehen, dass *er* bestimmte, wie lange dieser Besuch dauern würde. Als er an meinen Brüsten saugte, musste ich das erste Mal aufstöhnen – es würde bestimmt nicht das letzte Mal sein für diese Nacht.

Ihm war klar, was er tat, denn als er zwischen meinen Beinen angelangt war, fühlte ich genau, dass er wusste, was er mit seiner Zunge anstellen konnte. Mein Stöhnen wurde lauter und die Angst, dass mich jemand hörte, weniger. Die Fenster in allen Zellen bestanden nur aus kleinen Löchern im Mauerwerk und es war sehr wahrscheinlich, dass die anderen Wärter und Gefangenen uns hören konnten.

Gazin ließ sich von keiner meiner Regungen beeindrucken, egal, wie ich mich wand oder in seinen Armen festkrallte, er zog sein geplantes Programm gnadenlos durch. Er verwöhnte mich mit

Bestimmtheit und Konsequenz, bis ich um mich herum nur noch Sterne sah und laut schreien musste. Selbst, als mein Orgasmus bereits abebbte, gab er nicht auf und befriedigte mich weiter.

Als ich zitternd unter ihm lag und um Gnade winselte, setzte er sich und ich fühlte seine Eichel an meinem tropfenden Eingang. Durch sein bisheriges Verhalten erwartete ich ein vorsichtiges Eindringen, doch ich hatte mich geirrt. In einem festen Schwung drang er bis zum Anschlag in mich ein. Er brauchte nur vier kraftvolle Stöße, um sich in mir zu erlösen. Keuchend lag er danach auf mir und wir warteten beide auf einen normalen Pulsschlag.

»Ich danke dir«, raunte er in mein Ohr.

»Nein, ich habe dir zu danken«, flüsterte ich zurück.

Er lächelte und wir küssten uns – mit einem vertrauteren Gefühl als zuvor.

»Hast du denn gar keine Angst vor mir?«, fragte er.

»Nein, denn mein Herz sagte mir von Anfang an, dass du gut für mich sein wirst.«

»In diesem Gefängnis gibt es zwölf Wärter. Ich könnte von dir verlangen, dass du alle befriedigst, egal, ob du es willst oder nicht. Sie würden dich rücksichtslos benutzen.«

»Das könntest du, doch du würdest den Anblick nicht ertragen«, erwiderte ich.

»Es stimmt, ich möchte dich ganz allein besitzen und begehren, jede Nacht für den Rest meines Lebens. Noch nie ist mir eine Frau begegnet, die so ist wie du, und ich möchte dich um jeden Preis behalten.«

»Ich bin eine Verbrecherin. Stört dich das nicht?«

»Mir ist egal, was du warst oder getan hast, wichtig ist, was du in Zukunft sein wirst. Wenn du das Gleiche empfindest wie ich, und dir vorstellen kannst, mit mir zusammenzuleben, dann hole ich dich hier raus.«

»Du würdest mich befreien? Wie soll das gehen? Das Risiko erwischt zu werden, ist viel zu groß und dann wirst du gleich mit bestraft.«

»Niemand kennt sich hier so gut aus wie ich. Ich kann dich nachts aus deiner Zelle rausschmuggeln und mein Bruder wird mit einem Heukarren vorn warten. Es sind nur wenige Meter von deiner Zelle bis dorthin. Du versteckst dich auf dem Wagen und er bringt dich zu mir nach Hause.«

»Wieso vertraust du darauf, dass ich danach nicht abhaue? Wieso glaubst du, dass ich tatsächlich bei dir bleiben und auf dich warten werde?«

»Weil ich in deinen Augen sehen kann, dass auch du mich willst. Außerdem habe ich deine Akte gelesen. Auf dich wartet zu Hause nichts. Du hast weder Freunde noch Familie, nicht mal einen Job.«

Diese Erkenntnis erwischte mich eiskalt. Obwohl er recht hatte, schockierte mich noch viel mehr, dass er es wusste. Vor allem, berührte mich die Tatsache, dass er genau einschätzen konnte, dass ich in mein altes Leben gar nicht zurückwollte.

Er fühlte, dass er den richtigen Nerv getroffen hatte und legte nach: »Wenn ich das tue, muss auch ich dieses Leben hier verlassen. Die Gefahr, dass sie dich bei mir finden, ist sehr groß. Auch mir bietet das Leben hier nichts. Wir könnten in einem anderen Land zusammen neu beginnen.«

»Wann?«

»In drei Wochen findet ein großes Fest statt. Dann wird das zehnjährige Bestehen dieses Gefängnisses gefeiert. Es wird viel Alkohol fließen, wird laut sein, und somit die perfekte Gelegenheit, um dich an den anderen vorbeizubringen.«

»Du hast recht. Ich sehne mich nach einer Heimat. Das Land, aus dem ich komme, kann mir das nicht bieten. Wenn du mir hier raushilfst, gehe ich mit dir.«

Anstatt einer Antwort küsste er mich ein letztes Mal und zog sich dann zurück. Noch musste er mich allein lassen, doch wenn er mir tatsächlich half, würde ich wieder leben können.

***

In den drei Wochen besuchte er mich jeden Tag und wir sprachen, fühlten, lernten einander immer besser kennen. Es war, als hätte das Schicksal sich dazu entschieden, mich diese Dummheit begehen zu lassen, damit ich hier in Gazins Gefängnis landen konnte. Die Art, wie er mich begehrte und zugleich verwöhnte, mich in einen Zustand trieb, in dem ich alles vergaß, war einmalig und niemals hätte ich gedacht, dass ich zu solchen Gefühlen fähig war.

Jeden Tag, der näher an die geplante Flucht rückte, wurde ich nervöser. Was, wenn etwas schief ging, wenn wir erwischt wurden?

***

Der Abend des Festes begann. Es war tatsächlich so laut, wie Gazin es angekündigt hatte. Man konnte sein eigenes Wort nicht verstehen – es wurde gebrüllt, getrunken, gefeiert und vor allem, immer wieder aus Spaß geschossen. Der Lärm war sicher in der nächsten Stadt noch zu hören, auch wenn diese bestimmt drei Tagesreisen von hier entfernt lag.

Gazin kam wie geplant in meine Zelle und hüllte mich in einen Umhang. Schnell gingen wir gemeinsam aus der Zelle und von dort direkt nach rechts einen Weg entlang. Es waren nur wenige Meter und ich konnte den Wagen seines Bruders bereits sehen. Zum Glück blieb mir kaum Zeit, noch panischer zu werden. Gazin schob mich auf die Ladefläche des Karrens und warf einen Heuballen sowie neben als auch hinter mich, und schickte eine knappe Ansage an seinen Bruder.

Der Karren rollte los. Ich hörte zwei Wärter nicht weit von mir entfernt in der mir immer noch so fremden Sprache brüllen. Ohne dass ich die Männer verstehen konnte, wusste ich, dass mein Fehlen entdeckt worden war! Mir blieb fast das Herz stehen!

Es war stockfinster um uns herum und ich konnte hören, wie der Fahrer seine beiden Pferde zu mehr Eile antrieb. Nach ungefähr einer halben Stunde wackliger Fahrt, hielt er an und rief nach hinten, dass ich aussteigen sollte.

Ich war ängstlich, hatte aber keine andere Wahl. Ich wühlte mich aus dem Heu und stieg mit zitternden Knien hinunter.

Wir standen vor einem großen Haus. Drinnen brannte Licht. Es wirkte verlockend gemütlich und sicher.

Gazins Bruder stellte sich mir als Milan vor. Ich folgte ihm in das Haus hinein. Milan blieb im Wohnzimmer, nachdem er den Karren in den Stall gebracht und das Heu verstaut hatte.

Er brachte mich zu einem Zimmer im oberen Stockwerk. Als er die Tür schließen wollte, rief ich erschrocken auf und lief zur Tür. Er hielt beide Hände entschuldigend in die Luft und ging, ohne die Tür noch mal anzufassen.

Erleichtert ließ ich mich auf das Bett sinken. Ich war hundemüde. Doch ich merkte, dass ich zu aufgewühlt war, um schlafen zu können. Und so wälzte mich die ganze Nacht unruhig hin und her.

***

Als die Sonne aufging, erwachte ich. Also hatte ich doch etwas Schlaf finden können. Angezogen wie ich noch war, schlich ich mich hinunter. Dort fand den schlafenden Milan auf dem Sofa vor. Gazin war nicht da. Anscheinend war er nicht nach Hause gekommen.

Ich machte mir Sorgen und weckte Milan, doch er ermahnte mich, ruhig zu bleiben und abzuwarten. Es war eine Ablenkung, sich endlich wieder frei bewegen zu können, doch es überwiegte die Angst um meinen Retter.

Gegen Abend hörten wir die Haustür. Ich rannte so schnell ich konnte den Flur entlang, um zu sehen, wer dort gekommen war. Dass es auch die Polizei hätte sein können, kam mir nicht in den Sinn.

Doch es war Gazin! Endlich!

Erschöpft sah er mich an, dann brachte er mit schleppender Stimme hervor: »Zehn Peitschenhiebe, weil ich meine Dienstaufsicht verletzt habe. Mir wird ein halbes Gehalt diesen Monat abgezogen, danach ist die Sache für den General erledigt.« Er drehte sich um und entblößte seinen Rücken.

Ich war entsetzt, als ich sah, was die Peitsche bei ihm angerichtet hatte. Trotzdem wollte er so schnell wie möglich weiter. Er hatte Bedenken, dass die Gegend nach mir abgesucht werden würde.

Also packten wir umgehend seine Sachen, verabschiedeten uns von Milan und beeilten uns, in unsere neue Heimat zu kommen.

Wohin auch immer unser Weg uns führen würde, wir würden gemeinsam füreinander da sein – jetzt und für immer.

Animalisches Verlangen

Die tropische Hitze war unerbittlich. Außer Victoria hatten nicht mehr viele Wissenschaftler durchgehalten. Alle jüngeren waren bereits seit Wochen wieder zurück in der Heimat.

Victoria hatte das sichere Gefühl, bald eine Entdeckung zu machen – es war nur eine Frage der Zeit. Aufgeben war noch nie eine Option für sie gewesen.

Schwer atmend bückte sie sich und grub einen kleinen Setzling aus dem Waldboden aus. Er war kräftig und es war eine bekannte Art, also für ihre Kreuzungsversuche mit der tropischen Linde genau das Richtige. Sie hatte sich ein kleines Labor in ihrem Zelt dafür eingerichtet und würde vermutlich wieder die ganze Nacht mit ihren Versuchen verbringen. Andere hielten sie für verrückt, sie selbst nannte es zielstrebig. Sie wusste instinktiv: In diesem Dschungel befand sich die Entdeckung, auf die sie seit Jahren hinarbeitete – nur in welcher Form war ihr bisher nicht klar. Die Botanik hatte sie schon als Kind beeindruckt, und so lag es auf der Hand, dass sie sich für das Biologiestudium entschieden hatte. Die Natur faszinierte sie mehr als alles andere. Dadurch blieben Dinge wie Sozialkontakte oder auch weitere Hobbys völlig auf der Strecke. Doch sie hatte bewusst dieses Leben gewählt und war völlig zufrieden damit.

Während Victoria durch die Bäume streifte, wanderten ihre Gedanken in eine andere Richtung. Auf der einen Seite liebte sie die Einsamkeit, aber manchmal fehlte ihr der körperliche Kontakt zu anderen. Die Berührung einer anderen Haut, fremder Geruch, den wahrnehmbaren Puls. Es war ein hoher Preis, diese Empfindungen über Jahre unterdrücken zu müssen, um dafür einen Erfolg in der Forschung erringen zu können.

Sie erinnerte sich an ihren letzten Freund, er war Geologe gewesen, und somit ebenso viel in der Natur unterwegs gewesen wie sie. Bei einem Projekt, das Pflanzen in hohen Bergregionen untersuchte, waren sie sich begegnet. Anfangs stürmisch, ebbte das Interesse auf beiden Seiten rasch ab, sobald der Alltag einzog und jeder sich seinem Aufgabengebiet widmete. Beide waren ehrgeizig und gingen in ihrer Arbeit auf. So führte ihn sein Weg in die Wüste und ihrer sie in den Dschungel. Hätten sie normale Bürojobs gehabt, hätten sie vermutlich die nächsten fünfzig Jahre gemeinsam und zufrieden auf dem Sofa verbracht. Doch sie waren sich in ihrem Wunsch nach neuen Erkenntnissen zu ähnlich, als dass es eine Zukunft hätte geben können. Wenigstens einer von ihnen hätte auf seine Träume verzichten müssen, um die Beziehung zu halten.

Noch während Victoria ihren Gedanken nachging, sah sie aus dem Augenwinkel eine Person mitten zwischen den Bäumen. Kein Geräusch hatte angekündigt, dass sich jemand in der Nähe aufhielt – und Victoria hatte in den letzten Monaten gelernt, auf vieles zu achten. Ein Knacksen in den Baumwipfeln konnte gefährliche Tiere ankündigen. Es war überlebenswichtig, sie zu erkennen und ernst zu nehmen. In dieser Umgebung wurden die Sinne geschärft. Es war unmöglich, einen Menschen, der sich normal bewegte, hier nicht zu orten.

Doch jetzt war es, als wäre dort einfach aus dem Nichts eine Person erschienen. Als Victoria ihn bewusst wahrnahm, sahen sich beide direkt in die Augen. Sein durchdringender Blick verwirrte und beeindruckte sie gleichermaßen.

Er sah aus wie ein Mensch, einzig an den Augen konnte man erkennen, dass er nicht menschlich war. Seine Augen bestanden aus mehreren verschiedenen Farben und seine Pupillen waren dreieckig. Die Farben waren klar voneinander getrennt. Sie erinnerten an die vier Jahreszeiten, von Schneeweiß bis hin zu klarem Frühlingsblau.

Er war eindeutig nicht von dieser Welt, doch er strahlte eine unheimliche Ruhe aus. Er lächelte und sagte nichts.

Daher ging sie mutig näher an ihn heran. Sie hätte fragen sollen: »Wer sind Sie?«, oder etwas in der Art, doch sie brachte kein Wort heraus. Ihre Gedanken schlugen Purzelbäume und besiegten ihren sonst so klaren Verstand. Bevor sie wusste, was geschah, stand sie direkt vor ihm. Er hob seine Arme, um ihre Hände zu berühren.

Es war eine Mischung aus Faszination und Neugier. Plötzlich hörte sie eine kräftige männliche Stimme in ihrem Kopf.

»Ich kann alles sein, was du willst. Stell es dir nur in deinem Kopf vor. Du musst es nicht sagen. Ich bin sehr wandlungsfähig, also lass deiner Phantasie freien Lauf. Fürchte dich nicht.

Ich weiß, was ich für dich tun kann.«

Victoria sog scharf die Luft ein. Das konnte nicht sein! Er hatte klar zu ihr gesprochen, doch sein Mund hatte sich nicht bewegt.

Kann er mit mir sprechen, ohne es laut zu sagen?, dachte sie verwirrt, und bevor sie sich versah, ertönte ein »Ja« in ihrem Kopf.

Sie musste nur kurz überlegen und entdeckte die ungeahnten Möglichkeiten, die sich damit boten. Sie hatte sich immer gewünscht, dass ein Mann sie an mehr als nur zwei Stellen berühren konnte, ohne dass mehrere Männer zeitgleich im Raum waren. *Ein* Mann, aber am besten *zehn* Hände.

Sie stellte sich vor, wie er sie an vielen Stellen auf einmal berührte – und ohne es zu sagen, erkannte sie, wie er sich veränderte. Schaurig wie in einem Horrorfilm sah sie, wie mehrere Tentakeln von seinem Körper abgingen. Eigentlich hätte sie Angst haben müssen, stattdessen wünschte sie sich eine Berührung herbei. Langsam, aber unaufhaltsam, kamen die Arme näher – keine Hände, sondern eher lange kräftige Schlingpflanzen. Ein Schlingenarm umfasste ihre Taille und zog sie näher zu sich heran, so nahe, dass sie seine Körperwärme spüren konnte. Sein menschliches Gesicht näherte sich ihrem und es folgte der erste Kuss mit dem Unbekannten. Erwartungsvoll und bereit schloss sie die Augen und legte ihren Kopf in den Nacken. Es war ein bekanntes Gefühl, doch ganz anders als alles, was sie je erlebt hatte.

Zeitgleich begannen die Tentakel, ihr Oberteil langsam zu zerreißen. Sie fühlte, wie der Stoff unter der sanften Gewalt nachgab. Während ein großer Fangarm sie umschlungen hielt, begannen zwei kleinere an ihren bereits voll aufgerichteten Brustwarzen zu arbeiten. An ihren Enden bildeten sich Münder mit einer kleinen Zunge darin. Während er sie fest an sich zog und weiter leidenschaftlich küsste, saugten die beiden

Tentakelmünder an ihren harten Knospen. Bereits das übertraf ihre Erwartungen. Noch während sie versuchte, all ihre Gefühle einzuordnen, spürte sie einen weiteren Fangarm in der Nähe ihrer Spalte. Sie stöhnte vor Erregung. Allein der Gedanke, was er damit mit ihr tun konnte, ließ sie erzittern. Ihr langer Rock stellte kein Hindernis dar, der Slip war schnell entfernt. Sie fühlte, wie das, was sich ihr dort unten näherte, sie teilte. Ein Fangarm bildete erneut einen kleinen Mund mit Zunge und bearbeitete ihre Perle. Ein anderer Schlingenarm bahnte sich vorsichtig den Weg in ihr Innerstes. Kaum fähig zu denken oder etwas zu tun, ließ sie sich fallen. Sie hatte ihre Umgebung völlig vergessen.

Aber sie merkte, dass auch sein Atem schneller ging und ein leises Stöhnen aus seiner Brust kam. Es gefiel ihm also, ihren Gedankengängen zu folgen und sie wagte kaum, an das zu denken, was sie sich nun wünschte. Doch es passierte wirklich ... Der Arm in ihr war bis zum hintersten Punkt vorgedrungen und begann sich zu vergrößern. Langsam, aber unerbittlich, bewegte er sich rotierend in ihr und wuchs. Dabei schien er nicht glatt zu bleiben, sondern bekam eine Art genoppte Oberfläche. Nicht so, dass es wehtat, aber dass es sie herausforderte und ihr Lust bereitete, wie sie es sich nie hätte träumen lassen.

Er wurde größer in ihr. Und gerade, als sie dachte, dass sie nicht mehr würde ertragen können, zog er sich langsam aus ihr heraus. Die Explosion, die dabei in ihrem Kopf entstand, war nicht von dieser Welt!

Schließlich zog der Arm sich ganz von ihr zurück. Sie hoffte, er würde wieder zustoßen, und genau das konnte sie kaum erwarten. Nach wie vor war er zeitgleich an ihrem Mund, beiden Brüsten und ihrer Perle aktiv. Ihr Körper war überfordert mit all dieser Lust, doch sie konnte sich nicht dagegen wehren, selbst wenn sie es gewollt hätte. Er war wie ein einziges großes Liebesspielzeug, das sie nicht bedienen musste. Eine Selbstbefriedigung der besonderen Art. Er hörte nicht auf, sondern machte konsequent an allen Stellen weiter.

Sie krallte sich in seinen Schultern fest und begann zu schreien. Ihre Energie brauchte ein Ventil und dies war die einzige Möglichkeit, die sich ihr bot. Wie in ihren Gedanken gefordert, stieß er immer wieder zu, bis der zweite Orgasmus eintraf ...

Keuchend sank ihr Kopf auf seine Brust, während er weiterhin zärtlich ihren ganzen Körper verführte. Er blieb in ihr und an ihr, und sie wusste, ein weiterer Orgasmus war nicht zu verhindern. Er würde heftiger werden, als der zweite und sie versuchte, einen klaren Gedanken zu fassen, um sein Vorhaben noch zu ändern. Sie stellte sich vor, wie er sich aus ihr zurückzog und sie freigab. Kaum hatte sie es gedacht, hörte sie sein Lachen an ihrem Ohr.

»Oh nein, meine Schöne, wir ziehen das jetzt durch! Hab keine Angst. Ich werde dir nicht wehtun. Du wirst nur etwas erleben, was du bisher noch nicht kanntest.«

Bevor sie etwas erwidern konnte, begann er wieder, sich in ihr zu bewegen. Doch diesmal veränderte er sich, wurde noch größer, länger und wundervoll glatt. An der Spitze bildete sich eine Art harte Kugel.

Allein die Vorstellung, dass er sie damit jetzt nahm, verschlug ihr den Atem. Ihre Beine gaben nach. Sie konnte es nicht fassen, dass sie sich beide bisher stehend vereinigt hatten.

Während Victoria nach unten sank, blieb er nahe bei ihr und legte sie auf den warmen Waldboden. Sie roch feuchte Erde und atmete tief ein, während sie sich fallen ließ. Er blieb über ihr und wirkte in keinster Weise erschöpft, sondern fit und bereit für mehr. Ausgiebig verwöhnte er den Rest ihres Körpers.

Gerade, als sie wieder etwas ruhiger atmen konnte und ihr Puls sich beruhigt hatte, begann er, unerwartet heftig seinen Fangarm in ihrem Innersten zu nutzen. Keuchend bog sie ihren Rücken durch. Er nahm sie auf deutlich härtere Weise als zuvor. Er zeigte ihr, dass er ihre Wünsche gesehen und verstanden hatte.

Inzwischen hatte sie vergessen, wo sie war, sogar in welchem Universum sie sich befand. Alles, was sie wollte, war, dass er sie nahm, und zwar genauso wie er es tat. Und er ließ sie mit Kraft ein drittes Mal explodieren. Sie schrie ihre Lust in den Dschungel ...

Nach diesem dritten körperlichen Erdbeben merkte sie, wie er sich langsam von ihr zurückzog. Nicht nur aus ihrem Innersten, sondern von allen Stellen an ihrem Körper. Er war körperlich noch spürbar, gönnte ihr und ihrem Körper aber die Möglichkeit, sich zu erholen. Das kribbelnde Gefühl auf ihrer Haut blieb, obwohl er sich bereits zurückgezogen hatte.

Sie öffnete nach einigen Minuten die Augen und sah ihn neben sich. Er beobachtete ihr Gesicht und lächelte wissend. Sie wollte ihm etwas sagen, war aber noch nicht dazu in der Lage. Also formulierte sie in ihren Gedanken einfach das Wort »Danke«, und sah in seinen Augen, dass er das verstand.

Sie lächelte dankbar und schloss die Augen. Seine Wärme war nach wie vor präsent, keine Geräusche zu hören.

Als Victoria ihre Augen wieder öffnete, bemerkte sie, dass er sie wortlos verlassen hatte. Sie setzte sich auf. Verwirrt, aber glücklich, stand sie auf.

Was gerade passiert war, wirkte irreal. Doch jede Zelle in ihrem Körper meldete, dass es tatsächlich geschehen war. Immer noch zittrig, suchte sie am Boden nach den Resten ihrer Bluse, die er ihr vom Leib gerissen hatte. Notdürftig damit bedeckt, hielt sie die Stoffreste über ihre Brüste und ging zurück ins Lager.

Sie wusste, dass sie ihn nicht suchen brauchte, denn er war eindeutig nicht von dieser Welt. *Er* würde sie finden, wenn er es wollte. Und sie wünschte sich sehr, dass er den gleichen Wunsch nach einer zweiten Begegnung hatte. Vielleicht konnte er nach wie vor ihre Gedanken lesen, auch auf die Entfernung ...

Also formulierte sie einen neuen Wunsch, und zwar so, wie sie es bei ihrer Vereinigung getan hatte. Müde, aber lächelnd, begab sie sich in ihren Schlafsack und schlief ein.

***

Am nächsten Morgen wurde sie unsanft geweckt. Ihr Kollege stürmte in ihr Zelt und schrie laut: »Steh auf, wir müssen unsere Ausrüstung retten! Los, sofort!«

Verwirrt öffnete sie die Augen und sah als erstes seinen panischen Blick, er meinte es ernst. Schnell erhob sie sich, folgte ihm aus dem Zelt und sah sofort, was los war: Das ganze Camp stand unter Wasser. Menschen liefen hektisch umher und versuchten zu retten, was zu retten war – vor allem die technischen Geräte. Verwirrt wollte Victoria wissen, woher das Wasser kam und stellte fest, dass der kleine Staudamm, den ihre Camp-Kollegen und sie errichtet hatten, über Nacht gebrochen war.

Rasch lief sie ins Zelt zurück und griff sich alle Notizen, die mit Tinte notiert waren und somit bei einem Sturz ins Wasser endgültig verloren gewesen wären. Ihr Assistent stürmte wieder herein und hatte diesmal Hilfe dabei. Gemeinsam warfen sie alles in schwere Metallkisten und trugen diese auf den nächsten Hügel, weiter nach oben in Sicherheit. Mehrere Stunden waren sie beschäftigt und am Ende blieben nur ein paar Zeltfetzen und ein ausgelöschtes Lagerfeuer zurück. Das Meiste hatten sie in das Basiscamp zweihundert Meter höher bringen können. Über Funk meldeten sie den Schaden ihrem Professor im fernen Cambridge. Aufgrund der fehlenden Forschungsergebnisse der letzten Monate, brachte dieses Unglück ihn erneut dazu, über eine Fortführung des Projektes nachzudenken. Über Satellitentelefon kündigte er an, dass zum Ende des Jahres auch das Basiscamp komplett aufgegeben werden müsste, da die finanziellen Mittel nicht länger reichen würden, um die Wissenschaftler vor Ort zu finanzieren.

Außer ihr schien das niemanden zu verwundern oder zu stören, die Meisten freuten sich sogar, wieder nach Hause zu kommen.

Victoria aber wollte noch bleiben. Nicht nur wegen dem außerirdischen Besuch am Tag zuvor, sondern weil sie wusste, dass es hier etwas gab, von der die Welt erfahren musste. Sie hatte es nur noch nicht gefunden. Es blieben drei Monate zum angekündigten Ende ihres Vertrages.

Victoria versuchte, mit ihrem Vorgesetzten zu verhandeln, das Projekt doch noch um ein halbes Jahr zu verlängern. Aber er blieb hart. Sein einziges Entgegenkommen war: Sollte Victoria einen ungewöhnlichen botanischen Fund präsentieren können, dann wäre die Akademie bereit, mehr Mittel zur Verfügung zu stellen. Diese kleine Restchance wollte sie nutzen!

***

Es vergingen mehrere Tage, in denen sie sich im Basiscamp einrichtete, ihre Notizen sortierte und gezielt nach der Landkarte vorging, um die Abschnitte nach ungewöhnlichen Pflanzen zu durchsuchen. Es kehrte wieder Ruhe ein.

Als Victoria eines Tages auf einer bereits bekannten Lichtung stand und überlegte, in welche Richtung sie ihre Suche für heute fortsetzen wollte, spürte sie plötzlich, dass *er* wieder bei ihr war – und zwar direkt hinter ihr.

Sie hörte ihn nicht, genau wie beim ersten Mal, sie wusste einfach, dass er da war. Lächelnd drehte sie sich um. Er stand dort, als hätte er bereits die ganze Zeit auf sie gewartet. Wortlos machte Victoria einen halben Schritt auf ihn zu. Sie hatte keine Scham, küsste ihn gierig und fordernd zugleich. Bereitwillig ließ er es geschehen. Sie wusste, er lauschte auf ihre Gedanken, um zu wissen, was er für sie tun konnte. Dass er all ihre Wünsche umsetzte, ohne dass sie etwas sagen oder erklären musste, war absolut traumhaft. Gerade jetzt tat ihr etwas Ablenkung gut, um den Kopf wieder freizubekommen. Sie ließ sich von Anfang an fallen und war in ihren Gedanken mutiger als zuvor.

»Oh, das gefällt mir«, ertönte sein dunkles Raunen zustimmend in ihrem Kopf.

Sie grinste und berührte ihn gierig, wartend auf das, was er nun mit ihr tun würde. Er hob sie hoch und trug sie mitten in den tiefen Dschungel hinein. Ihre Kleidung war kein Hindernis für ihn. Obwohl es eher kühl war, fror sie nicht. Bereits nach wenigen Sekunden stieg ihre Temperatur und ihr Innerstes machte sich für ihn bereit. Wie beim letzten Mal berührte er sie an mehreren empfindlichen Punkten zur gleichen Zeit, genau auf die Art, wie es sie in den Wahnsinn trieb. Diesmal ging er sogar noch einen Schritt weiter und drang in ihre beiden unteren Öffnungen zur gleichen Zeit ein. Lange war es her, dass ein Mann sie dort erobert hatte, und er war ein wahrer Meister. Er stieß nicht synchron zu, sondern wechselte sich ab, verließ ihre Spalte und drang gleichzeitig anal in sie ein. Zog er sich anal wieder heraus, drang er in ihre vordere Öffnung. Es war kaum auszuhalten. Und so erlebte sie ihren ersten multiplen Orgasmus, begleitet von ekstatischen Schreien ... Diese unglaubliche Berührung, zeitgleich geleckt, geküsst, gestreichelt, berührt, festgehalten, erobert und einfach nur gefickt zu werden, war unbeschreiblich! Er füllte sie mit seinem außerirdischen Saft, der sich in ihrem Innersten anfühlte, als wäre sie mit, von Kohlensäure überschäumenden, Champagner gefüllt worden.

Er nahm sie nicht einfach nur in die Arme, sondern umschloss sie völlig. Seine Tentakeln weiteten sich zu einer einzigen großen Fläche, als wäre sie eingewickelt in eine bewegliche, wundervoll warme Masse mit vereinzelten kleinen Massagepunkten, die an unerwarteten Stellen kleinen Druck ausübten. Nicht nur die Ergänzungen, die für ihre nasse Spalte gewachsen waren, berührten sie, sondern auch andere Tentakel. Diese legten sich auf ihren Rücken, ihren Nacken, ihre Arme, ihre Schenkel ... Überall berührten sie einzigartige Empfindungen.

Victoria konnte es nicht mehr als Sex bezeichnen, sondern als einzigartige Vereinigung in Reinform. Sie wusste, für genau dieses hier hatte man diesen Begriff geschaffen. Es gab keinen Unterschied mehr zwischen ihr und ihm – sie waren wortwörtlich eins.

Victoria befand sich in einem Kokon aus Lust. Jeder Millimeter ihrer Haut war bedeckt von ihm und sie hatte keine Chance, dem zu entkommen, auch wenn es fast unerträglich wurde. Diesmal drang er nicht in sie ein, sondern war einfach ein Teil von ihr. Der Teil, der ihre sexuellen Empfindungen in ungeahnte Höhen schraubte, allein durch seine Existenz. Er war da, gnadenlos und doch gleichzeitig endlos gefühlvoll. Alles, was er tat, war langsam und bewusst. Das Wissen, dem nicht entkommen zu können, steigerte ihr Empfinden noch weiter. Sie vergaß, wer sie war, wie sie hieß, warum sie hier war und dass dieses Wesen etwas mit ihr tat. Alles in und an ihr war nach innen gerichtet und alles, was Lust empfinden konnte, sammelte sich an einem Punkt, um im richtigen Moment zu explodieren. Auf jede Explosion folgte eine weitere.

Mit keiner Faser seines Körpers gab er ihr ein Zeichen, dass er sie aus ihrem Zustand erlösen würde. Sie hatte das Zeitgefühl völlig verloren und konnte nicht sagen, ob sie zehn Minuten miteinander verbunden waren oder bereits seit mehreren Stunden. Erst, als sie vor Erregung erschöpft nur noch keuchen konnte, ließ er sie langsam wieder frei. Ihr ganzer Körper war empfindlich. Selbst der kühle Wind, der ihre Haut traf, wirkte wie ein Peitschenschlag. Ihre normalen Reize schienen bei zweihundert Prozent zu sein.

Noch während er bei ihr lag, wanderten ihre Gedanken zu ihrem Projekt und dem baldigen Ende – sollte sie nicht fündig werden.

Er zuckte kurz, und sie hatte den Eindruck, dass er sie genau verstand, ihre Sorgen teilte.

Nicht nur wegen ihm wollte sie hierbleiben. Sie liebte dieses Land, diese Aufgabe, diesen Job. Die Vorstellung, wieder in die Stadt zu müssen, schnürte ihr die Kehle zu.

Behutsam streichelte er sie, und Victoria fühlte sich geborgen, obwohl sie mitten in einem unerforschten Dschungel lagen, voll von giftigen Tieren und Pflanzen. Doch solange er bei ihr war, fühlte sie sich beschützt.

»Wie ist dein Name?«, fragte sie.

Er sah sie lange an, fragte dann lächelnd: »Ist das wichtig?«

»Ja, denn ich möchte dich nicht als *der Fremde aus dem Dschungel* in meiner Erinnerung behalten, sondern möchte wissen, wer du wirklich warst.«

Er überlegte kurz und sagte: »Dann nenn mich Octorex.«

»Wann werden wir uns wiedersehen?«

Er zögerte. »Gar nicht.«

Sie setzte sich auf. »Warum?!«

»Es geht nicht.«

»Wenn ich nach meinem Namen gefragt werde, muss ich denjenigen danach verlassen.«

»Das wusste ich nicht. Ich werde ihn schnell vergessen, versprochen.«

Er lachte sanft. »Nein, das geht leider nicht. Ich muss dich verlassen und wir werden uns niemals wiedersehen. Ich bleibe bei dir, bis du eingeschlafen bist. Dann leb wohl, kleine Forscherin.«

Sie wollte protestieren, rufen, dass er sie niemals verlassen durfte, sie bei ihm bleiben wollte und dass sie überhaupt nicht müde sei … Doch kaum hatte sie das gedacht, wurden ihre Augenlider schwer und sie fiel in einen tiefen Schlaf.

***

Victoria öffnete die Augen. Das Erste, was sie sah, waren drei kleine Tongefäße, die mit Erde und einem kleinen Setzling gefüllt waren. Die drei kleinen Pflänzchen hatte sie noch nie zuvor gesehen. Sie waren ungefähr zehn Zentimeter hoch und besaßen ein kräftiges Grün. Sie bewegten sich wie Kraken, die auf dem Rücken lagen und ihre Tentakeln in die Höhe reckten. Kleine grüne Fangarme wuchsen aus der Erde und bewegten sich schwungvoll. Sie waren wunderschön!

Victoria war zwischen Begeisterung und Dankbarkeit hin- und hergerissen. Diese Entdeckung und das Wissen, von wem sie kamen, zeitgleich der Stolz dies ihrem Projektleiter zeigen zu können, waren ein reiner Adrenalinschub. Sie wusste noch nicht, was das für die Botanik dieser Erde bedeuten würde, doch sie hatte sofort den richtigen Namen für das Gewächs: Es sollte Octorexia heißen! Als Erinnerung an die letzten Tage mit diesen wundervollen Wendepunkt in ihrem Leben.

Sinnliches Verlangen

Francesco stand zitternd in einen Bademantel gehüllt am Ufer und sah ängstlich zum Wasser.

»Ich unterkühle mich bestimmt! Ist das vertraglich geregelt, wenn ich mich erkälte? Wer haftet für die Ausfälle, die ich dann habe?«, fragte er.

Das fing ja gut an – eine Mimose. Mal wieder.

»Ich kann Ihnen versichern, dass hier keine Gefahr besteht.

Das Wasser hat derzeit vierundzwanzig Grad«, sagte ich.

»Sind Sie auch sicher, dass hier keine giftigen Tiere drin sind? Vielleicht werde ich gebissen ...«

Ich unterdrückte ein Seufzen. »*Ganz* sicher. Mein Assistent hat das Wasser vorher geprüft und alle giftigen Tieren entfernt.«

Dante drehte sich grinsend weg, um nicht erkennen zu lassen, dass ich Unsinn erzählte. So sehr ich meinen Job als Fotografin liebte, manchmal konnte ich mir ein Augenrollen nur schwer verkneifen. Die meisten männlichen Models mussten dem Mainstream entsprechen: Sixpack, ein bisschen Bizeps, ein nettes Lächeln und im Idealfall kein einziges Brusthaar. Ob derjenige tatsächlich sportlich war oder doch »Photoshop« eingesetzt wurde, spielte am Ende keine Rolle. Und ob es innere Werte gab, erst recht nicht. Das machte die Arbeit streckenweise etwas schwierig. Nach einigen Überredungskünsten gelang es mir, Francesco soweit zu beruhigen, dass doch noch ein paar gute Bilder zustande kamen.

Dante war als Assistent pures Gold wert, denn er hatte technisches Verständnis, einen großartigen Sinn für Szenengestaltung und vor allem, ließ er sich von keinem noch so schlimmen Divenverhalten aus der Ruhe bringen. Selbst die anstrengendsten Models konnte er immer besänftigen und zur Arbeit antreiben. Bei ihm fühlte sich jeder gut aufgehoben und verstanden.

Morgen war ein Shooting mit dem Eishockeyprofi Russell McJaggen geplant. Er würde hoffentlich mehr können, als nur Posieren. Aber vermutlich war er genau so dämlich wie Francesco, dank den Prügeleien auf dem Eis, die man immer im Fernsehen sah. Hoffentlich verstand er meine Anweisungen überhaupt, überlegte ich entmutigt.

Nachdem die Fotos im Kasten waren, sahen wir amüsiert zu, wie sich Francesco von seinem Visagisten herrichten ließ.

Er sollte heute Abend auf einer wichtigen Party erscheinen und allein der Weg vom Auto zum Eingang musste perfekt inszeniert sein. Sollte er also jetzt vom Strand ungeschminkt zu seiner Limousine laufen und dabei entdeckt werden, würden sich die Paparazzi morgen in der Klatschpresse die Mäuler zerreißen.

»Pass doch mit dem Lidstrich auf, sonst seh ich wieder aus wie die Lohan!«, schimpfte er ungehalten.

Ich hoffte für ihn, dass er genug Geld verdienen würde, solange er noch jung war, denn an einen normalen Job war für ihn nicht mehr zu denken.

In der Zwischenzeit sammelten wir alle Dekorationen ein und versuchten, den Strand in seinen natürlichen Ursprung zu versetzen. Die Genehmigung, hier zu fotografieren, hatten wir nur unter der Auflage erhalten, keine Schäden anzurichten.

Vor zwei Jahren war ich hergekommen und stolz darauf, dass ich mir meinen Kundenstamm selbst aufgebaut hatte. Ich konnte von dem leben, was ich liebte, das war mehr, als manch einer in meinem Freundeskreis sagen konnte. Tagsüber stand ich meist draußen und nutzte das Sonnenlicht, um möglichst perfekte Bilder zu schießen. Mein Blick für Details war inzwischen bei den ortsansässigen Agenturen bekannt und so wurde ich immer wieder beauftragt, Porträts anzufertigen. Spezialisiert war ich auf Männer, da diese mir einfach wesentlich mehr lagen als Frauen. Meine damaligen Überlegungen, dass ich deshalb mit weniger Starallüren zu kämpfen hätte, waren inzwischen der Realität gewichen.

»Sara, kann ich gehen?«, riss Dante mich aus meinen Gedanken. »Ich bin noch mit dem kleinen Blonden von gestern verabredet«, säuselte er.

»Ja, geh ruhig, ich komme klar. Viel Spaß und bis morgen.«

Mir war es ganz lieb, dass ich nun in Ruhe zusammenpacken konnte, ohne dass es jemand eilig hatte und mich antrieb.

Ich wickelte mir meinen geliebten weiß-blauen Pareo um die Schultern und trug das Material zu meinem Auto.

***

Russell McJaggen beobachtete mich. Ich spürte seinen Blick in meinem Rücken, als ich das Objektiv wechselte. Normalerweise war es Dantes Job, aber er war aktuell zu sehr mit seinem Handy und ausgiebigen Flirtnachrichten an seine gestrige Eroberung beschäftigt. Wortlos drehte ich mich wieder um und machte meinen Job. Durch die Einstellung der Kamera konnte ich die Augen von meinem Motiv genau fixieren. Stechendes helles Grün in einem kantigen Gesicht, das mir sagte, dass dieser Mann niemals kleinbeigeben würde. Ich schloss daraus unbeugsamen Willen, was in seinem Beruf sicher wertvoll war.

Bei der Aufnahme Ganzkörper fiel mir seine stark ausgebeulte Hose auf. Wenn das, was ich sah, der Wahrheit entsprach, hoffte ich, dass er damit umgehen konnte. Der Abdruck ging weit über das Normalmaß hinaus. So sehr, dass ich überlegte, ob er für das Shooting ein Polster eingesetzt hatte, um diese Wirkung zu erzielen.

Den ganzen Tag über stand oder saß Russell am Strand und posierte. Er schien niemals müde zu werden und beklagte sich nie, anders als die verwöhnten Models, die hier sonst ihren Dienst verrichteten. Möglicherweise war es für ihn aber auch eine willkommene Abwechslung zu seinem härteren Trainingsalltag. Die Mädchen an seiner Seite wechselten fast stündlich, der Auftraggeber wollte möglichst viel Material zur Auswahl haben.

Mich langweilten die Bilder irgendwann, denn das Motiv war am Ende doch immer das gleiche. Ich ließ die Kamera sinken und sagte: »Pause für alle! Trinkt was und ruht euch kurz aus.«

Ich brauchte etwas Kraftvolles, Neues ... Nicht diese üblichen Bikinischönheiten neben dem Sportprofi.

Während ich mir eine Flasche Wasser öffnete, schaute ich gedankenverloren aufs Meer hinaus. Die besten Ideen kamen mir immer, wenn ich nicht dachte und der Kopf völlig leer war. Während ich mit geschlossenen Augen bewusst die Meeresluft einatmete, bemerkte ich plötzlich ein Rascheln hinter mir.

»Störe ich?«, ertönte Russells tiefe Stimme.

Ja, tat er, aber das konnte ich ihm schlecht sagen.

»Nein, schon okay. Ich überlege nur, wie ich dich anders in Szene setzen kann – ohne die Mädchen um dich herum.«

»Eifersüchtig?«, fragte er und grinste dabei wie ein kleiner Junge, der zum ersten Mal einen Streich plant.

»Nein, eher gelangweilt«, gab ich zurück. Der sollte sich bloß nichts einbilden!

»Oh, ich hoffe, dem kann ich abhelfen. Was stellst du dir denn vor?«

»Mehr Kraft. Ich will sehen, dass du nicht nur stark aussiehst, sondern auch bist. Das kommt aber nicht rüber, wenn du nur in der Sonne liegst.«

»Da hast du recht. Wie soll ich dir denn beweisen, dass ich auch halte, was ich verspreche?«, fragte er zweideutig grinsend.

Der Kerl flirtete ernsthaft mit mir! Ich sah vor meinem inneren Auge, wie ich ihn von einer Klippe schubste, damit ihm das Grinsen verging. In dem Moment wusste ich es. Die Klippe, der Felsen ... Das war mein Motiv!

»Kannst du klettern oder dich in einer Felswand ohne Sicherung festhalten?«, wollte ich wissen.

»Ich denke schon. Sag mir einfach wo, dann halte ich mich fest, bis du mich entlässt.«

»Das kann dauern ... Ich hoffe, du bist ausdauernd.« Kaum hatte ich das ausgesprochen, ärgerte ich mich, solch eine gute Vorlage geliefert zu haben.

»Keine Sorge, ich kann lange«, kam prompt die grinsende

Reaktion.

Anstatt zu antworten, ging ich zu meiner Technikecke, um die Kamera neu einzustellen und Dante zu erklären, wo ich ihn jetzt als Assistenten brauchte.

Schnell hatte ich eine wunderschöne Stelle gefunden. Die Sonne schien auf den dunklen Fels und ließ ihn stellenweise fast schwarz erscheinen. Zwischendrin gab es kantige Vorsprünge, an denen Russell sich gut festhalten konnte. Von unten fotografiert, sah die Stelle auch wesentlich höher aus, als sie eigentlich war. Es wirkte abenteuerlich ... genau das, was ich gesucht hatte!

Russell machte seine Sache wirklich gut. Egal, was ich ihm zurief, er tat es. Und er hielt tatsächlich lange durch. Das war bei den seltesten Models, die ich vor der Kamera hatte, der Fall. Bis ich eine Serie geschossen hatte, mit der ich zufrieden war, konnten schon einige Minuten vergehen.

Ich bemerkte irritiert, wie sehr mir seine Kehrseite gefiel. So wenig ich mir aus Sixpacks machte, umso mehr reizten mich muskulöse Rücken – und seiner war wirklich prächtig. Je nachdem, wie er nach dem Fels griff und sich hielt, spielten die Muskeln immer anders und zeigten, dass er sie nicht nur zur Zierde hatte. Es war ein Unterschied, ob jemand sein Training auslegte, um gut auszusehen, oder ob er damit wirklich mehr Leistung erzielen wollte.

Ich ertappte mich bei dem Gedanken, wie es sich wohl anfühlen würde, wenn er mich in den Arm nähme. Ein Gefühl von Sicherheit, und ich musste zugeben, auch purer Männlichkeit. Für mich war ein Mann jemand, der mich beschützen konnte und Autorität ausstrahlte – beides traf auf ihn zu.

Gern wollte ich mehr von seiner gut ausgeprägten Muskulatur sehen und so nutzte ich meine Position als Fotografin gnadenlos aus.

»Zieh dich ein wenig mehr hoch und lass die Beine hängen, sodass du dich nicht mehr abstützen kannst«, rief ich ihm zu.

Er tat wie geheißen. Seine Arme zeigten die Anstrengung, die er aufbringen musste, um sein ganzes Gewicht zu halten. Es war wunderschön. Verträumt sah ich es mir an.

Bis Dante mir zuraunte: »Willst du auch fotografieren oder ihn nur anschmachten?«

Erschrocken merkte ich, dass die Kamera tatsächlich locker in meiner Hand ruhte, anstatt zu arbeiten. Mit rotem Kopf zog ich sie schnell vor mein Gesicht und legte los.

Bis zum Schluss kam kein Laut der Klage von Russell. Als ich ihn endlich aus seiner Position entließ, konnte ich ihm ansehen, dass er leicht außer Atem war. Er kam heran und stand plötzlich ganz dicht vor mir. Er war verschwitzt, und es kostete mich Überwindung, nicht an seine Brust zu fassen, um zu sehen, wie es sich anfühlte, wenn sich sein Brustkorb hob. Um dem Drang zu widerstehen, wickelte ich ein Fernauslöserkabel um die rechte Hand, damit sie sich nicht unbemerkt selbstständig machte.

»Das war ein sehr schöner Tag. Ich danke dir. Die Bilder sind sicher fantastisch«, sagte Russel.

»Danke dir ebenfalls. Die Möglichkeit, so was zu machen, habe ich nicht oft. Dazu braucht es jemanden, der auch tatkräftig mitmachen kann.«

»Falls du noch mal jemanden brauchst, der Ausdauer beweist, darfst du mich gern anrufen.«

Natürlich, den Hinweis konnte er sich nicht verkneifen. Und ich konnte nicht verhindern, dass mir ein gut sichtbares Lächeln über die Lippen huschte. Verdammt!

***

Am nächsten Morgen drehte ich mich genüsslich noch einmal im Bett um. Ich hatte sehr gut geschlafen und davon geträumt, dass Hades, der Gott der Unterwelt, mich verführt hätte. Er war gnadenlos, aber gut. Wirklich erschreckend fand ich nur, dass seine Augen ein helles stechendes Grün besaßen, das mir bekannt vorkam. Für den heutigen Tag standen keine Termine an. Normalerweise würde ich den Tag nutzen, um mich zu entspannen, aber ich wollte mir die Bilder vom Vortag genauer ansehen. Es reizte mich, Details zu finden, die mir vielleicht nicht aufgefallen waren. Hunderte Bilder flimmerten über meinen Monitor. An denen am Fels konnte ich mich kaum sattsehen. Schnell war die Auswahl an Bikini-Strand-Fotos gefunden. Das war tägliche Routine. Aber bei den letzten Fotos zoomte ich immer wieder zu einzelnen Muskelpartien und setzte andere Schnitte ein, probierte zusätzliche Filter, um noch mehr rauszuholen. Ich war begeistert und informierte Russells Agentur über das Ergebnis.

Beim Blick auf meinen Terminkalender stellte ich fest, dass mir in den kommenden Wochen fast nur Standard-Shootings bevorstanden. Alles Models, die außer Posieren nicht viel konnten, und deren Existenz der Boulevardpresse sichere Arbeitsplätze bescherte – aber am Ende auch mir, dachte ich seufzend. Schließlich bezahlten sich die Rechnungen nicht von allein. Positiv denken! Für mein Konto war es gut, und es gab schlimmere Jobs, als mit halbnackten Menschen in der Sonne zu stehen, um Fotos zu machen.

Um mich zu auszuruhen, ging ich im Gemeinschaftspool unserer Wohnanlage eine Runde schwimmen. Ich zog ruhig meine Bahnen und fühlte, wie mein Körper die leichte Anspannung genoss. Es tat gut, sich nach dem langen Stehen am Tag zuvor zu bewegen. Als ich genug hatte, legte ich mich nass wie ich war auf eine Liege und überließ es der Natur, mich zu trocknen. Der Wind fegte über meinen Körper und sorgte für einen wohligen Schauer. Meine Gedanken kreisten wieder um Russell und seine Präsenz. Er hatte einen bleibenden

Eindruck hinterlassen. Männer wie er begegneten mir nicht jeden Tag. Es war schade, dass ich ihn vermutlich so schnell nicht wiedersehen würde. Natürlich hatte er mir zweideutig angeboten, dass ich mich melden könnte, aber das würde sein Ego nur weiter darin bestärken, dass er ein toller Hecht war. Okay, das war er! Aber das musste ich ihm ja nicht unbedingt sagen. Auch wenn die Idee, sich von ihm vögeln zu lassen, durchaus seinen Reiz hatte. Wie oft hatte ich die Chance, mich jemandem hinzugeben, der solche Attribute besaß? Würde ich mich melden, wusste er sofort, dass ich für mehr bereit war. Und ob ich das war, konnte ich nicht mit Bestimmtheit sagen. Auf der einen Seite wollte ich ihm die Genugtuung nicht gönnen, auf der anderen Seite konnte mir das egal sein, solange ich ihn dafür verführen dürfte ...

Mitten in meinen Überlegungen klingelte das Telefon. Ich wollte nicht aufstehen, also ließ ich den Anrufbeantworter drangehen. Kaum hörte ich die Stimme auf dem Band, bereute ich es, liegen geblieben zu sein.

»Hallo, hier ist Russell. Ich wollte dich zu einem Spaziergang einladen, aber leider bist du nicht zu Hause. Ich wohne in der Nähe und habe heute frei. Würde mich freuen, wenn du mich anrufst unter der Nummer ...«

Wie, er wohnte in der Nähe ... Wieso wusste ich das nicht? Und woher hatte er überhaupt meine Nummer?

Ich war auf meiner Liege erstarrt, während das Band aufzeichnete, doch jetzt war ich hellwach und sprang auf. Viel zu schnell. Barfuß rutschte ich über die Fliesen und verlor fast den Halt. Mit den Armen rudernd legte ich einen Sliding-Stopp kurz vor der Küchentheke hin und drückte hektisch die Abhörtaste, um mir die Nachricht erneut anzuhören.

Unsicher, was ich danach tun sollte, setzte ich mich.

Ja, ich wollte ihn treffen. Aber wie sah es aus, wenn ich sofort zurückrief? Als wenn ich es nötig hätte und sehnsüchtig darauf warten würde, dass sich ein potenzieller Stecher meldete. Auf der anderen Seite, was interessierte mich seine Meinung? Ich konnte ihn verführen und meiner Neugier nachgeben. Was danach passierte oder auch nicht, entschied ich selbst. Schließlich musste ich niemandem Rechenschaft darüber ablegen, was ich tat. Entschieden wählte ich die Nummer, die er genannt hatte und wir verabredeten uns an der Promenade in der Nähe. Dort war die Aussicht großartig und es gab alle zweihundert Meter einen Stand für Cocktails oder kleine Snacks.

Kurz überlegte ich, ein knappes, aufreizendes Kleid anzuziehen, verwarf den Gedanken aber schnell wieder. Schon vor Längerem hatte ich die Gewohnheit abgelegt, mich in enge Schuhe und Oberteile zu quetschen, die zwar im Trend waren und sicher die richtigen Stellen betonten, aber zu unbequem waren, um ein normales Verhalten zu ermöglichen. Dauernd zupfte man an sich herum, ob noch alles an der richtigen Stelle saß und korrekt wirkte. Zu meiner Anfangszeit als Fotografin hatte ich das täglich getan, um mit der Konkurrenz mithalten zu können.

Als Dante bei mir als Assistent anfing, präsentierte er mir ungefragt seine Direktheit: »Hör auf, dieses Zeug zu tragen, wenn du es nicht magst. Man sieht an deiner ganzen Körperhaltung, dass du dich unwohl fühlst. Du strahlst nur Unsicherheit aus, wenn du dauernd an dir rumzupfst.«

Erst war ich schockiert, aber dann dankbar. Es war völlig okay, in die Öffentlichkeit mit Klamotten zu gehen, die vielleicht weniger sexy, aber dafür mehr wahres Ich waren. Auch durch diese Erkenntnis war ich mit der Zeit immer mutiger geworden und unabhängiger von der Meinung anderer. Nur dadurch konnte ich zu der Frau werden, die ich heute war.

***

Während ich an diese Zeit zurückdachte, war ich die kurze Strecke zur Promenade gelaufen und stand pünktlich vor dem Stand, der die besten Kokos-Drinks des ganzen Landes machte.

Davor erkannte ich ein breites Kreuz und sah, wie Russell bereits zwei fertig gefüllte Gläser an sich nahm. Ich stellte mich mit einem erwartungsfrohen Grinsen direkt hinter ihn und streckte die Hand aus. Kaum hatte er sich umgedreht, entdeckte er mich erstaunt und reichte mir dann, ebenfalls grinsend, ein Glas weiter. Wortlos prosteten wir uns zu und tranken genüsslich.

Wir gingen gemeinsam ein Stück spazieren und genossen das tolle Wetter. Auf den ersten Cocktail folgte schnell ein zweiter. Beim dritten wurden unsere Gesprächsthemen deutlich lustiger und ab dem vierten konnte ich nicht anders, als ihn offen anzuflirten.

»Gibt es Referenzen, die ich ansprechen kann, bezüglich deiner angepriesenen Ausdauer?«, fragte ich keck.

»Die werden grundsätzlich diskret behandelt. Dir bleibt also nur der Selbstversuch.«

Wir sahen uns tief in die Augen und ich überlegte, ob ich ihn heute oder erst an einem anderen Tag näher erkunden wollte. Plötzlich standen wir an einer faszinierend romantischen Stelle. Umringt von Felsen, und somit geschützt vor fremden Blicken, war eine kleine Sandkuhle zu sehen. Einladend wie ein gemütliches Nest zwischen all dem rauen Stein, war es fast unmöglich, nicht näher ranzugehen.

Während ich mir die Stelle genauer ansah, bildete sich Gänsehaut auf meinen Armen. Ich schreckte leicht zusammen, als ich eine Berührung auf dem Rücken wahrnahm. Er stand dicht hinter mir. Allein die Existenz seines Körpers verursachte ein leichtes Zittern bei mir. Eine zweite Hand kam hinzu. Sie berührte mich und streichelte von meiner Rückenmitte zu den Außenseiten. Von meiner Hüfte gingen sie gleichmäßig aufwärts. Das Wissen, dass er gleich meine Brüste berühren könnte, sorgte für ein Ziehen in meinem Unterleib. Seine Hände erreichten ihr Ziel. Doch anstatt meinen Busen voll zu umfassen, wanderte er nur mit einem Finger um sie herum, um sich dann langsam meinen Brustwarzen anzunähern. Dort angekommen, berührte er sie so langsam und zaghaft, dass es fast schmerzte. Ich wünschte mir, dass er mehr zupackte. Aber ich befürchtete, dass er mit Absicht so zögerlich agierte. Endlich nahm er meine Brüste in beide Hände und küsste zeitgleich meinen Nacken. Ich schloss die Augen und freute mich, hier zu sein.

Er machte vorsichtig weiter, und ich beschloss, dass es jetzt an der Zeit war, selber aktiv zu werden. Ich drehte mich zu ihm um. Seine Hände blieben an mir und strichen dabei an meinen Seiten bis zu meinem Po. Ohne zu zögern, ging ich in die Offensive und küsste ihn gierig. Ich schmeckte etwas, dass man als männlich herb beschreiben konnte, gepaart mit dem Kokos der vielen Cocktails. Seine Lippen waren warm und fragend, so, als wenn er darauf sehnsüchtig gewartet hätte. Überrascht über die wortlose Harmonie zwischen uns, legte ich meine Hände auf seine Brust und suche mit meiner Hand nach dem, was ich bereits beim Shooting als so verheißungsvoll erahnen konnte. Der Anblick hatte nicht zu viel versprochen. Hier war eindeutig mehr als Standardmaß vorhanden.

»Ich sollte dich warnen«, raunte er. »Bisher ist noch keine Frau mit ihm fertig geworden, dafür ist er einfach zu mächtig.«

Wenn das nicht nach einer Herausforderung klang! Meine Antwort musste ich nicht aussprechen. Stattdessen nahm ich ihn an die Hand und wanderte zielstrebig zu der Sandmulde.

Dort angekommen, zog ich ihm gekonnt seine Shorts aus und ging sofort in die Knie. Er war beeindruckend! Ich brauchte beide Hände, um ihn ganz zu erfassen und selbst dann ragte seine Eichel noch hervor. Es war unmöglich für mich, seinen Schwanz komplett in den Mund zu nehmen, dafür war er tatsächlich zu groß. Begeistert begann ich, ihn zu kosten, indem ich seine winzige Öffnung mit meiner Zungenspitze probierte. Meine Hände wurden zeitgleich aktiv und massierten diese Offenbarung, die sich mir anbot. Sei Bändchen trat so deutlich hervor, dass ich gar nicht daran vorbeikam. Während ich genoss, ihn schmecken zu dürfen, schaute ich nach oben, was sich in seinem Gesicht tat. Er hatte die Augen geschlossen und den Mund offen. Er genoss meine Behandlung offensichtlich. Ich fühlte in meinen Händen, wie sein Penis pulsierte. Das Blut arbeitete in ihm.

Irgendwann nahm er meine Hände in seine und dirigierte sie von sich. Er selbst kam ebenfalls auf die Knie und zog meine Beine an sich heran, sodass ich automatisch in eine liegende Position rutschte. Ich wehrte mich nicht, sondern freute mich über den Wechsel. Nicht nur, dass er viel Körperliches zu bieten hatte, ich fühlte sofort, der Mann hatte auch Talent! Es war mir nicht mehr möglich, einen klaren Gedanken zu fassen. Seine Lippen saugten sich zart aber bestimmt an meiner Klitoris fest, zugleich vollführte er mit seinen Fingern kreisende Bewegungen in meinem Inneren. Es war wie ein Feiertag für meine Vagina, das pure Vergnügen. Doch ich wollte nicht so kommen. Ich wollte diesen prächtigen Schwanz in mir haben!

»Einen Fick! Bitte gib mir einen schönen harten Fick, Russell«, stöhnte ich ihm flehend entgegen.

Doch er ignorierte mich. Mein Winseln, und auch meine Versuche, mich windend von ihm zu befreien. Er hatte mich mit seinem linken Arm fest umschlossen und zog sein geplantes Programm durch, ohne Rücksicht auf mich und meine Begierden. Es war schwer zu sagen, ob es fünf oder dreißig Minuten waren, die er an mir verbrachte, doch es gab eine Explosion, die mich Sterne sehen ließ. Ich hatte noch die Chance, mir einen Arm auf dem Mund zu legen, damit nicht die ganze

Promenade meinen Orgasmus zu hören bekam. Eine Welle der Lust flutete mich. Und bevor ich verstand, dass er immer noch aktiv war, folgte bereits die zweite.

Keuchend wartete ich darauf, wieder klar sehen zu können. Mein Atem ging so schnell, als wäre ich gerade einen Marathon gelaufen. Als ich wieder die Augen öffnete, sah ich ihm direkt ins Gesicht. Ein triumphierendes Lächeln zeigte seinen Stolz. Es war eine Kostprobe gewesen, die mich hungrig auf mehr machen sollte. Und gegen meinen Willen musste ich gestehen, dass er sein Ziel erreicht hatte.

»Eine Bestrafung für dein Verhalten ist notwendig. Da sind wir uns doch einig, oder?«, fragte ich immer noch außer Atem.

»Hey, ich hab einen Ruf zu verlieren. Wenn einer merkt, dass ich ein netter Kerl bin, hab ich auf dem Spielfeld verloren.«

»Wieso hast du mir deinen Schwanz nicht gegeben?«, wollte ich wissen.

»Du hast ihn gesehen. Bisher habe ich es noch nie geschafft, komplett in eine Frau einzudringen. Die meisten suchen panisch das Weite oder brechen vorher ab. Daher auch meine Zungenfertigkeiten. Das ist meist erfolgversprechender als er.«

»Ich möchte es trotzdem versuchen. Beim nächsten Mal schaue ich mir dein Dilemma genauer an«, lockte ich ihn.

»Okay, aber auf deine Verantwortung.« Mit einem Zwinkern und anschließendem zarten Abschiedskuss trennten wir uns voneinander.

***

Schlagzeile »Hockeystar verliebt«, darunter ein Foto von mir und Russell, während wir uns umarmten. Schockiert starrte ich auf die Seite und vergaß zu atmen. Der Tag begann unschön und ich wusste zuerst nicht, wie ich reagieren sollte. Es war bereits später Vormittag und in zwei Stunden stand das nächste Shooting an.

Um mich von der Zeitung abzulenken, öffnete ich meine E-Mails und versuchte zu arbeiten. Dabei fiel mir der Betreff »Weiterführung unserer Zusammenarbeit« auf. Die Nachricht war von meinem Hauptkunden, der Agentur »Lovely Pictures«.

Ich las: »Mit einigem Erstaunen haben wir die heutige Presse verfolgt und die darin enthaltenden Informationen zu Ihrem Umgang mit den Ihnen anvertrauten Kunden und der Geheimhaltung Ihrer jeweiligen Tätigkeit. Die Interessen unserer Klienten müssen unter allen Umständen gewahrt bleiben, daher ist uns die Präsentation Ihrer Eroberung unschön aufgestoßen. Aufgrund der aktuellen Ereignisse scheint uns daher eine weitere Zusammenarbeit mit Ihnen nicht weiter sinnvoll. Solange wir von Ihnen keinerlei nachvollziehbare Stellungnahme erhalten, können wir der Fortführung unseres Vertrages derzeit nicht zustimmen und entbinden Sie von allen laufenden Aufträgen mit unserem Hause.«

Bisher wusste ich nicht, wie treffend die Phrase: »Wie ein Schlag ins Gesicht«, sich anfühlte – jetzt wusste ich es.

Der Kunde kündigte mir, weil ich mich privat mit jemandem traf? Ich schwankte zwischen Belustigung und Ärger. Sollte ich darauf passend antworten, würden die sich erst recht nie wieder bei mir melden. Besser, ich schlief erst mal eine Nacht drüber, um mich zu beruhigen, sonst würde ich ausfallend werden.

Zumindest hatte ich jetzt den Tag frei, das geplante Shooting fiel somit aus. Ich informierte Dante über seine Freizeit und rief Russell an. Meine Energie brauchte ein Ventil, und zwar bald.

***

»Man hat mir die Aufträge gestrichen, weil ich mit dir gesehen wurde. Jetzt geht man davon aus, dass ich meine Kunden regelmäßig verführe, und man möchte die Models diesem Risiko nicht aussetzen.« Während ich sprach, wurde mein Kopf rot, weil die aufgestaute Wut darüber sich wieder ihren Weg ins

Freie bahnen wollte. Ich konnte nicht stillsitzen, daher lief ich in der Wohnung herum, während Russell auf meinem Sofa saß.

»Dann zahl ich deine Unkosten. Das ist kein Problem«, bot er mir an.

»Darum geht es nicht. Das ist einfach unverschämt! Was geht die mein Privatleben an?«, fauchte ich. »Ich weiß nicht, ob du das verstehst ... Ich bin schon länger bewusst allein, und mir fällt es schwer, meine hart erkämpfte Unabhängigkeit aufzugeben. Ich bin stolz darauf, dass ich auf niemanden angewiesen bin. Wenn ich jetzt nur noch die Freundin von jemandem bin, was mache ich dann den ganzen Tag? Und wenn ich Geld ausgeben will, soll ich jedes Mal um Erlaubnis fragen, ob ich seine Kreditkarte haben darf? Auf keinen Fall!«, redete ich mich in Rage.

»Du willst also unverbindlich bleiben? Keine Verpflichtungen oder Versprechen – nur das rein Körperliche?«, fragte er.

»Das reicht mir, ja. Ich möchte keine feste Bindung, bei der ich mich rechtfertigen muss, was ich tue oder wann ich nach Hause komme.«

Sein Gesicht sprach Bände, anscheinend hatte er etwas anderes erwartet.

»Du hast doch genug Groupies, die vor dem Stadion auf dich warten«, meinte ich. »Jetzt sag nicht, du hättest etwas Festes gewollt?«

»Ich habe ernsthaftes Interesse an dir. Für reine Fickgeschichten bin ich falsch gebaut«, sagte er und deutete mit einem Blick nach unten an. »Mit der Ausstattung kann man nicht mal eben irgendwen rannehmen und wieder gehen. Aber lassen wir das Thema. Dabei fällt mir ein, du wolltest dich eigentlich um ihn kümmern. Vielleicht lenkt dich das ab.« Erwartungsfroh verschränkte er die Arme hinter dem Kopf und lehnte sich zurück.

Richtig, deswegen war er ja gekommen. Nicht, um sich ankeifen zu lassen. Der Zeitungsartikel stammte schließlich nicht von ihm. Er war solche Publicity gewohnt, aber für mich war es neu. Doch der Gedanke an seinen prallen Schwanz ließ mich den Stress vergessen. Ich ging zu ihm und küsste seine wartenden Lippen. Mein Kopf begann, sich direkt zu leeren und Platz für ein rein animalisches Vergnügen zu schaffen. Er zog sein Shirt aus und ich bekam die perfekt geformten Brustmuskeln zu sehen, die anregend zuckten, wenn er sich bewegte. Das war weit erotischer, als jeder fettfreie Bauch es je sein konnte.

Wie schon am Tag zuvor, legte ich seine körperliche Perfektion frei und arbeitete mich ein. Diesmal würde er keine Chance bekommen, mich zu probieren – jetzt war mein Moment.

»Lass mich dich lecken, dann bist du schön nass und ich kann besser eindringen«, bat er.

Doch ich übernahm seine Taktik und ignorierte ihn. Zwischen meinen Beinen lief bereits der Saft herunter und ich konnte kaum bereiter werden, als ich es schon war. Da er auf dem Sofa saß, stieg ich einfach über ihn. So konnte ich selbst bestimmen, wann ich ihn tiefer in mir aufnahm. In mir herrschte reine Lust und Gier, kein Funke mehr von Stress oder Aufregung. Alles galt nur noch ihm und unserer Vereinigung. Ich stützte mich an seinen starken Schultern ab, sah ihm in die Augen und setzte mich langsam auf ihn. Seine Spitze versank sofort in meinem Eingang und er stöhnte leicht. Es fühlte sich noch besser an als erwartet. Mutig glitt ich tiefer und nahm mehr von ihm auf. Bisher war es schön. Ich wippte vorsichtig auf und ab, um seine Eichel in mir zu stimulieren. Wir sahen uns die ganze Zeit an, das machte das Erlebnis noch intensiver. Immer weiter kam er in mir voran und als ich merkte, dass ich ausgefüllt war, entdeckte ich trotzdem noch einige Zentimeter von ihm außerhalb meines Körpers. Er war wirklich mächtig, aber genau das machte mich geil. Ich musste alles in mir spüren, auch wenn es vielleicht schmerzhaft werden würde.

»Wenn es zu viel wird, hör auf«, bot er an.

Doch ich schüttelte nur lächelnd den Kopf und verschloss ihm den Mund mit einem weiteren Kuss. Es war mir nicht mehr möglich, langsam zu vögeln. Mit einem heftigen Schwung setzte ich mich tief auf ihn, bis ich seine Oberschenkel an meinen fühlen konnte. Ein Schrei entfuhr meiner Kehle – es war unbeschreiblich. Russell schrie mit mir und griff fest in meine Pobacken. Er begann, seine Hüften stoßweise zu bewegen, war aber wegen der Position gehemmt. Als er sah, dass ich es wortwörtlich mit ihm aufnehmen konnte, packte er mich entschlossen und drehte mich auf den Rücken. Seine Arme stemmten meine Beine nach hinten, sodass meine Füße auf Höhe meines Kopfes waren. Jetzt konnte er noch das winzige Stückchen tiefer in mich, das noch gefehlt hatte. Er begann mit Stößen, die er nicht mehr bremsen konnte.

Das Klatschen seiner Hoden auf fremder Haut hatte er anscheinend nie zuvor gehört, denn er keuchte: »Oh Baby, das ist wie das erste Mal ... Ich platze gleich ...« Dann schloss er die Augen, um den Moment zu genießen.

Zeitgleich schoss der Saft aus uns heraus. Wir schrien zusammen, und erlebten für uns beide etwas ganz Besonderes. Es war wie ein Vulkan, der in mir explodierte. Die heiße Lava lief unaufhörlich. Seine Eier hatten einen großen Speicher und sie entluden sich nun vollständig in mir. Ein normaler Mann hätte dreimal spritzen müssen, um auf diese Menge Sperma zu kommen. Ich war begeistert.

Sein Schwanz blieb in mir, während er versuchte, normal zu atmen. Wir küssten einander und streichelten den anderen behutsam.

»Bitte gib uns eine Chance, Süße«, bat er. »Das, was wir hier tun, ist einmalig! Fühlst du das nicht auch?«

Ich wollte jetzt nicht darauf eingehen und gab ihm statt einer Antwort einen Kuss. Seufzend ergab er sich und blieb bei mir liegen, bis ich eingeschlafen war.

***

Als ich am nächsten Morgen auf dem Sofa wach wurde, war ich wieder allein. Etwas wehmütig dachte ich daran, dass Russel sicher geblieben wäre, hätte ich unser Verhältnis nicht so abweisend bewertet. Dann stellte ich mir die Frage, was ich eigentlich gegen einen Partner wie ihn hatte, der dauerhaft an meiner Seite wäre? Russel war ein toller Mann – und sicher nicht die schlechteste Partie. Zudem hatte er den geilsten Schwanz des Universums zu bieten!

Ich fuhr aus meiner Einfahrt in Richtung Einkaufszentrum, um ein paar Besorgungen zu machen. Plötzlich entdeckte ich ein bekanntes Gesicht. Ohne auf den Verkehr zu achten, trat ich mit aller Kraft auf die Bremse. Hinter mir begann ein Hupkonzert wütender Fahrer. Es war mir völlig egal, denn alles, was ich sah und mir wichtig war, war die Stelle ungefähr fünfzig Meter von mir entfernt. Dort stand Russell mit einer anderen Frau, und sie küssten sich. Minutenlang starrte ich zu den beiden rüber, beobachtete, wie sie sich, ineinander verschlungen, ungeniert gehen ließen. Eine Mischung aus unbekanntem Schmerz und Wut erfüllte mich.

Ich wollte dieser Frau wehtun, sie von ihm wegreißen, sie anschreien. Aber das eingeengte Gefühl in mir hielt mich davon ab. Je länger ich zusah, desto bewusster wurde mir, was passierte ... Es störte mich, dass Russel mit einer anderen Frau rummachte. Und auf einmal war ich nicht mehr die unabhängige Coole, sondern die verliebte Sehnsüchtige. Ich war tatsächlich eifersüchtig! Diese Erkenntnis traf mich tief. Außerdem hinterließ sie viele Fragen, zum Beispiel, warum er zweigleisig fuhr und wieso er so schnell eine andere parat haben konnte?

Ich redete mir ein, gesehen zu haben, dass es bei dieser Frau anders war als bei uns. Trotzdem tat es weh.

***

»Was ist an der Anweisung ›Arme höher‹ so schwer zu verstehen?«, keifte ich das Model an. »Höher bedeutet *hoch* und nicht *seitlich* oder *hinter den Kopf*, einfach nur *hoch*! Das kann doch nicht so schwer sein!« Mir reichte es mit diesen begriffsstutzigen Menschen, die dachten, dass sie wirklich etwas leisten, wenn sie in einer Zeitschrift zu sehen waren.

Zum ersten Mal erschien mir der Gedanke reizvoll, nicht mehr arbeiten zu müssen und sich von einem Mann finanzieren zu lassen. Keine Termine mehr vor Sonnenaufgang, um die passende Stimmung einzufangen, keine Rücksicht mehr auf Models und deren Verhalten nehmen zu müssen – einfach nur sein und es sich gut gehen lassen. Vielleicht war mein Gedanke, alles selber tun zu wollen, doch auf Dauer nicht tragbar. Aber um einen anderen Weg mit Russell auszuprobieren, war es vermutlich zu spät.

Dante versuchte mit seiner Art, beruhigend auf mich einzuwirken und reichte mir wortlos einen Cocktail. Alkohol konnte jetzt eine Lösung sein, da hatte er recht. Ich nahm das Glas und sog gierig am Strohhalm, in der Hoffnung, dass die stimmungsaufhellende Wirkung möglichst schnell einsetzte. Während ich mich kurz setzte und trank, tanzte er den beiden männlichen Models vor, was ich von ihnen erwartete. Bei dem Anblick musste ich ungewollt lächeln, denn es sah wirklich grotesk aus, wie drei halbnackte Kerle in Stringtangas bis zum Knie im Wasser standen und mit den Hüften kreisten. Ich konnte froh über die wenigen Aufträge sein, die ich noch hatte. Also riss ich mich zusammen und machte meinen Job.

***

Nach der Fotosession beschloss ich, zu Russell zu fahren. Die Sache ließ mir keine Ruhe.

Nach meinem Sturmklingeln hörte ich eilige Schritte und erkannte Russells deutliche Silhouette durch das Glas der Eingangstür, als er näherkam. Sein Gesicht war überrascht, als er mich sah, freudig überrascht. Dabei hatte ich eigentlich mit einer eher genervten Reaktion gerechnet.

»Sara, was machst du hier?«, fragte er.

»Ich muss mir dir reden, und zwar sofort«, keuchte ich abgehetzt.

»Okay. Worüber?«

»Ich ... also ... heute früh habe ich gesehen ... wie du ...« Weiter kam ich nicht, denn als die Erinnerung an das Bild von ihm und dieser anderen Frau erschien, brach ich ihn Tränen aus. Überwältigt von dieser heftigen Reaktion, setzte ich mich auf die Eingangstreppe und schluchzte vor mich hin.

»Tja, Sara ... Das war Absicht. Ich wollte sehen, ob es dich stört, wenn du mich mit einer anderen siehst. Anscheinend hat das besser geklappt, als ich dachte.« Er zog mich zu sich hoch und nahm mich in den Arm.

Ich drückte mich von ihm weg und blickte ihn irritiert an. »Das war Absicht? Du hast nicht wirklich was mit ihr?«

»Nein, das ist die Physiotherapeutin, die unser Team betreut. Sie ist lesbisch.« Er lachte kurz. »Sie hat sich spontan angeboten, mir zu helfen, und wir haben geschlagene zwei Stunden dort gestanden, bis du endlich kamst.«

Mein Kopf war ein einziges Durcheinander. Aber hauptsächlich mischte sich Freude in die Unmengen an Gefühlen.

»Bekomme ich jetzt eine Chance, dein Freund zu sein?«, fragte Russel.

Ich schniefte und drückte ihn fest an mich. Das war ab sofort mein Mann!

***

Während wir verschlungen in seinem Garten kuschelten, erinnerte ich mich an die unverschämte Mail bezüglich unserer Beziehung. Ich rief über mein Handy das Mailprogramm auf und fand darunter die Anfrage eines Sportartikelherstellers, der Russells Bilder von der Felswand gesehen hatte. Der Hersteller wollten eine ganze Serie dieser Art für den Katalog des nächsten Jahres. Der angesetzte Auftrag war so groß, dass damit der Ausfall meines bisherigen Hauptkunden ausgeglichen wurde. Außerdem war die Arbeit mit Sportlern für mich wesentlich reizvoller, als die langweiligen Models bisher.

Beschwingt antwortete ich auf die Anfrage und nutzte die gute Stimmung, um auch »Lovely Pictures« endlich Bescheid zu geben. Ich teilte ihnen mit, dass ich auf die Fortführung des Vertrages dankend verzichtete, da ich die Einmischung in meine Intimsphäre für unzumutbar halten würde. Zudem sei nach zweijähriger Zusammenarbeit bisher nie etwas Derartiges passiert, daher könnte von einem Verdacht auf regelmäßige Verführung meiner Kunden nicht die Rede sein. Der Vorwurf, der mir gemacht wurde, war somit sowohl haltlos als auch unhöflich. Zufrieden sendete ich die Mail ab und drehte mich zu Russell um. Lächelnd griff ich genüsslich zwischen seine Beine und suchte mit meinen Lippen nach seinem Mund.

Stürmisches Verlangen

Windstärke acht war angekündigt. Das war genau das, was ich jetzt gebrauchen konnte. Offiziell war ich zu einem Seminar unterwegs, doch in Wahrheit wollte ich nur für mich allein sein. Keine Arbeit, kein Mann, keine Kinder, keine Eltern ... Einfach nur ich.

Ich ging vom Gas, als ich fühlte, wie der starke Wind mein Auto auf die Gegenfahrbahn drückte. In weniger als einer halben Stunde musste ich da sein. Mein Ziel war eine kleine

Ferienwohnung, in der ich die nächsten zwei Tage verbringen wollte, um mir Gedanken darüber zu machen, wie es in meinem Leben weitergehen sollte. Nichts berührte mich mehr. Weder mein Ehemann noch meine zwei wundervollen Kinder noch meine Freunde und schon gar nicht, mein stressiger Job. Ich hatte das Gefühl, von allem erdrückt zu werden. Von allen Seiten wurde nur gefordert, aber nie etwas gegeben. Die Möglichkeit, einfach mal zur Ruhe zu kommen, bestand schon seit Monaten nicht. Das Schlimmste aber war, dass es niemanden zu interessieren schien. So konnte es nicht weitergehen und dieses Wochenende sollte mir zeigen, welcher Weg der richtige war.

In Gedanken versunken fuhr ich die letzten Kilometer, bis mein Navi mir die Ausfahrt ankündigte und mich wieder in die Realität zurückholte. Ich hielt an einem reetgedeckten kleinen Haus, aus dessen Fenstern man den direkten Blick auf das stürmische Meer hatte. Genauso hatte ich es mir vorgestellt.

Ich stieg aus dem Auto und wurde sofort vom starken Wind erfasst. Gegen den Wind ankämpfend, ging ich an das kleine Holztor und drückte auf die verwitterte Klingel. Die blaugestrichene Tür ging auf und ich sah einen etwas grimmig schauenden Mann mit Vollbart – eine Mischung aus verwegenem Seefahrer und verbittertem Nachbarn. Er schien aber, trotz dem altmachenden Bart, in meinem Alter. Er gab mir ein Zeichen, dass ich reinkommen sollte, und ich folgte seinem Wink. Kaum über die Schwelle getreten, schloss er die Tür hinter uns und wir standen sehr dicht beieinander in dem kleinen Flur. So direkt vor ihm, konnte ich noch mehr von ihm wahrnehmen: Er musste gerade heißen Tee mit einem guten Schuss Rum getrunken haben.

»Sie müssen Frau Wagner sein«, grummelte er in einer tiefen Bassstimme.

»Richtig«, bestätigte ich ihm. »Und Sie Herr Johannsen,

oder? Ich hatte für zwei Nächte bei Ihnen gebucht.«

Wortlos ging er den Flur entlang und ich beschloss, ihm zu folgen. Es ging eine schmale, steile Treppe hinauf in den ersten Stock. Das ganze Haus war aus Holz und wirkte gemütlich und einladend. Oben angekommen, öffnete er eine Tür und zeigte hinein.

»Das Bad liegt am Ende des Flurs, rechts, letzte Tür«, brummte er. Ohne eine Reaktion von mir abzuwarten, ging er die Treppe wieder hinunter.

Etwas verwirrt betrat ich das Zimmer und stellte meine Tasche auf dem großen einladenden Bett ab. Ich hatte eine Ferienwohnung gebucht, nicht nur ein Zimmer. Wohnte er etwa auch hier? Um die Sache zu klären, stieg ich wieder hinab und fand ihn in der Küche.

»Herr Johannsen, es tut mir leid, aber ich denke, hier liegt ein Missverständnis vor«, sprach ich ihn an.

»Welcher Art?«

»Ich dachte, ich wäre in der Ferienwohnung allein für mich, und nicht als Gast in einem Haus mit Ihnen zusammen.«

»Das ist hier im Norden so üblich. Ganze Häuser können wir an der Küste nicht zur Verfügung stellen. Durch den Kongress in der Stadt werden Sie an diesem Wochenende auch keine Alternative mehr finden.«

»Das bedeutet, Sie wohnen hier, und wir teilen uns Küche und Wohnzimmer?«

»Korrekt. Aber ich werde morgen den ganzen Tag auf See sein. Dann haben Sie das Haus für sich.«

Es war nicht ganz das, was ich mir vorgestellt hatte, allerdings wirkte das Haus gemütlich. Daher beschloss ich, zu bleiben. Anscheinend war das Gespräch für Herrn Johannsen beendet, denn er zog sich mit seiner Tasse Tee in Richtung Wohnzimmer zurück.

Ich blickte mich der Küche um, entdeckte den Teekessel, der noch dampfte, nahm ebenfalls eine große Tasse aus dem Schrank und goss in aller Ruhe einen Tee auf, das hatte ich schon lange nicht mehr getan. Langsam folgte ich Herrn Johannsen ins Wohnzimmer, wo ein Kamin flackerte. Ich fragte ihn, ob ich mich auf das angrenzende Sofa setzen dürfte. Er nickte nur und schaute ins Feuer. Ab und zu schenkte er mir einen prüfenden Blick. Er hatte etwas Raues, sehr Männliches an sich, so, wie es verschwitze Feuerwehrmänner oder Holzfäller im Wald ausstrahlen. Er war durchaus attraktiv, aber hatte eine merkwürdige Art an sich – vielleicht die Eigenart dieser Gegend hier.

Auf der einen Seite war es ungünstig für mein Vorhaben, mit einem fremden Mann das Haus zu teilen, auf der anderen Seite war es gut zu wissen, dass jemand da war, der den Kamin befeuerte. Ich schloss die Augen und ließ die Wärme des Feuers und sein Knistern auf mich wirken. Langsam spürte ich, wie der Druck der letzten Wochen von mir abfiel. Die heiße Tasse in meinen Händen wärmte mich wohlig und ich begann, vor mich hin zu träumen. Einfach nur sitzen und nichts tun, wie lange hatte ich das schon nicht mehr getan ...

***

Mein Bett war weich. Ich schlief nackt in meiner bevorzugten Bauchschläfer-Position. Der Kaminduft zog durch das ganze Haus bis in mein Zimmer. Das alte Gemäuer hielt die Kaminwärme gut fest. Die Böden waren aus altem Holz gefertigt und jeder Schritt war zu vernehmen. So hörte ich auch, als jemand mein Zimmer betrat.

Der Wecker zeigte ein Uhr zweiundvierzig, als die Türklinke langsam runterging. Es konnte nur Herr Johannsen sein. Erst dachte ich, er hatte sich in der Tür geirrt, doch dürfte er sich wohl in seinem eigenen Haus gut auskennen ... Ich erkannte ihn, trotz Dunkelheit, und auch, dass er völlig nackt war!

In aller Seelenruhe trat er in das Zimmer, schloss die Tür hinter sich, kam auf mich zu, hob die Bettdecke und legte sich einfach neben mich. Bevor ich empört protestieren konnte, fühlte ich eine warme Hand auf meinem nackten Rücken. Ich hielt die Luft an und fragte mich, was hier gerade passierte. In einer Art Schockstarre verhielt ich mich ruhig und reagierte gar nicht, sondern ließ ihn einfach gewähren. Anscheinend verstand er das als Aufforderung, denn er lehnte sich weiter an mich und begann, meine Schultern und mein Nacken mit vielen zarten Küssen zu bedecken. Mein ganzer Oberkörper fing an zu vibrieren und sich über diese unerwartete Berührung zu freuen. Seine Barthaare waren weich und unterstützen seine Küsse.

Mein ganzer Körper schrie förmlich: »Jaaaa! Endlich kümmert sich mal wieder jemand um mich!«

Ich war hellwach und brachte weiterhin keinen Ton raus. Er machte unermüdlich weiter. Schließlich setzte er sich auf mein Hinterteil. Seine Hände massierten meine Schultern, den oberen Rücken und wanderten von dort hinunter bis zu meinem Po. Ich spürte seinen Penis zwischen meinen Pobacken und auch, wie er mit der Zeit wuchs und mitspielen wollte. Es tat mir zu gut, als dass ich ihn hätte unterbrechen wollen – und das schockierte mich mehr, als die Tatsache, dass er überhaupt hier war.

Nach einer Weile stieg er wieder von mir hinab und schmiegte sich seitlich an mich. Seine rechte Hand glitt von hinten zwischen meine Pobacken und berührte meinen feuchten Eingang. Er begann, mich so wunderschön zu fingern, wie ich es zuletzt als Teenie erlebt hatte. Ich konnte nicht verhindern, dass mein Hinterteil sich ihm freudig entgegenstreckte und sich leicht zu bewegen begann.

»Dein kleines Fötzchen scheint mich zu wollen ... Es giert nach mir. Mein Schwanz wird gleich ganz leicht in dich gleiten«, murmelte er, während er meine Nässe überprüfte.

Ich konnte es nicht leugnen: Der Mann machte mich geil! Es war unverschämt, dreist, beinahe eine Vergewaltigung, und doch ließ ich es zu. Nie zuvor hatte mich ein Mann so berührt und mir so deutlich gezeigt, dass er mich wollte. Während er mich weiter anheizte, begann ich, leise zu stöhnen und mich mit meinen Händen im Bettlaken festzukrallen. Dann legte er sich komplett auf mich und hielt meine Hände mit den seinen fest. Es war wie eine Löffelchenstellung, erregend und sehr intim. Mit seinen Knien drückte er meine Beine leicht auseinander und drang ohne zu zögern mit seiner Spitze in mich ein. Sein schweres Gewicht drückte mich nach unten und ich hatte keinerlei Chance, mich zu rühren oder irgendeine Form von Bewegung vorzugeben.

Ohne Hast, aber konsequent, stieß er in einem gleichmäßigen Tempo zu, bis er schließlich ganz in mir war. Er pausierte kurz und schien den Moment, vollständig von meiner Vagina eingeschlossen zu sein, zu genießen. Er biss mir leicht in den Nacken und stöhnte, bevor er erneut ausholte und sich selbst zum Höhepunkt trieb.

Die Situation war so irreal, dass ich nicht anders konnte, als sie zu genießen. Es war, als wenn ich mich in einem Traum befand. Das, was er tat, war nicht außergewöhnlich, aber es war durchaus lustvoll und vor allem, gnadenlos gut. Sein Atem begann stoßweise zu gehen, sein Ächzen wurde lauter, während sich auch in mir etwas regte, das ich schon lange nicht mehr gespürt hatte. Nur einige Sekunden später überraschte mein Körper mich mit einem Orgasmus. Während ich diesen lange nicht mehr erlebten Höhepunkt hinausschrie, spürte ich, wie sich seine dreiste Gier in mir entlud. Es war purer Sex!

Es dauerte nicht lange, bis sein Glied in mir erschlaffte und er sich zurückzog. Er gab mir ein paar angehauchte Küsse auf den Rücken, deckte mich zu und verließ kommentarlos das Zimmer.

Stille. Es schien unwirklich, als wäre nichts passiert. Verwirrt, aber im wahrsten Sinne des Wortes befriedigt, schlief ich kurz darauf ein.

***

»Was war das letzte Nacht?«, fragte ich ihn forsch, als er mir am nächsten Morgen im Flur entgegenkam.

Er grinste hinter seinem Bart und sah auf einmal unverschämt gut und jung aus. »Ich hab dir angesehen, dass du es nötig hattest. Du bist doch schließlich hier, um dich zu entspannen, oder?«

»Frechheit! Wie kommst du darauf, dass ich es nötig hatte?!«, empörte ich mich.

Er grinste, packte mit beiden Händen mein Arsch, zog mich an sich heran und meinte: »Jetzt spiel nicht die Unschuldige. So deutlich, wie du auf meine Berührung reagiert hast, ist es lange her, dass ein Mann dich angepackt hat.«

Ich schluckte wütend. Aber leider hatte er recht.

»Na, wusst ich's doch«, sagte zufrieden.

»Das wirst du noch bereuen!«

Sein Grinsen wurde breiter. »Das denke ich nicht, Süße.«

Ich fühlte mich ertappt, riss mich los und verließ verärgert das Haus. Zügig ging ich in Richtung der langen Holztreppe, die mit einem anschließenden Steg verbunden war und direkt am Strand ankam. Der frische Wind am Ufer würde hoffentlich wieder für einen klaren Kopf sorgen. Mit flotten Schritten ging ich ans Wasser hinunter. Dort angekommen, blieb ich stehen und atmete mehrfach tief durch. Was fiel diesem Kerl nur ein! Ich zog meine Schuhe aus, krempelte die Hose nach oben und stellte mich bis zu den Knöcheln ins Wasser. Es war eisig kalt, aber tat überraschend gut. Ich schloss die Augen und genoss das Gefühl, wenn die Wellen auf mich zu rollten und meine Füße umspülten. Meine Zehen gruben sich tief in den nassen Sand.

Ich fand zurück zu dem Grund, warum ich eigentlich hier war: Mein Leben bestand nur noch aus Stress und das wollte ich ändern. Es war Zeit, mir klarzumachen, welche Dinge wichtig waren, auf welche ich verzichten konnte, und welche mir fehlten. Ich ging los und wanderte in ruhigem Tempo den Strand entlang. Welche Prioritäten setzte ich aktuell vielleicht falsch? Ich dachte an viele Situationen, die mich in letzter Zeit frustriert hatten. Egal welcher Bereich, es war immer so, dass ich das Gefühl hatte, fremdbestimmt zu sein. Ich wurde nicht gefragt oder in einer Entscheidung berücksichtigt. Mir wurde lediglich mitgeteilt, was meine Aufgabe war. Im Büro wurde mir die miese Arbeit aufgedrückt, weil ich zu anständig war, Fairness einzufordern. Auch die anderen müssten mal die stupiden Aufgaben übernehmen, wieso immer nur ich? Meine Kinder warfen mir ihre dreckigen Klamotten wortlos entgegen, damit ich sie wusch.

Alles eine Selbstverständlichkeit. Ich musste mich wehren und lernen, Nein zu sagen! Dann erst würde sich etwas ändern ...

***

Den Tag über pflegte ich den Müßiggang. In aller Ruhe testete ich das Fischrestaurant am Hafen, und befand es für sehr gut. Die Möwen kreischten über meinem Kopf, als ich den Markt besuchte, und die Sonne schien mir ins Gesicht, als wollte sie mir etwas Gutes tun.

Wundervoll erholt und motiviert kehrte ich am späten Abend ins Haus zurück.

Herr Johannsen war inzwischen auch wieder da und polterte in seinem Werkzeugraum. Ich machte mir nicht die Mühe, mit ihm zu sprechen, sondern ging wortlos hinauf in mein Zimmer. Dort ließ ich mich auf mein Bett fallen und schloss selig die Augen. Ich dachte an diese Nacht und ein Lächeln legte sich auf mein Gesicht.

***

Nie war ich beim Sex wirklich mutig gewesen. Das würde ich jetzt ändern. Was *er* konnte, konnte *ich* schon lange. Vor allem hatte ich die Gewissheit, dass er mitspielen würde, denn ich konnte mir nicht vorstellen, dass er mich wieder wegschicken würde. Sein Zimmer lag am anderen Ende des Flurs. Meine innere Anspannung ließ mich fast rennen, doch ich ermahnte mich selbst zur Ruhe. Ich war auf dem Weg, Rache für letzte Nacht zu nehmen, und ich würde es auskosten.

Nackt, und bereits leicht erregt, öffnete ich die Tür und schaute mich in seinem Zimmer um. Die Räume waren alle sehr klein. Dieses Zimmer bestand im Prinzip nur aus einem riesigen Bett und einem Fenster. Ich trat ein und ging zielstrebig auf das Bett zu. Er schien nicht so überrascht, wie ich dachte. Seine Augen waren geöffnet. Wissend sah er mich an und hob lächelnd seine Decke für mich. Er hatte mich also erwartet, der Drecksack.

Trotzdem wollte ich mir, und vor allem ihm, zeigen, dass ich nicht so wehrlos war, wie er dachte. Ich ließ mich neben ihn gleiten, und wir lächelten uns an. Was folgte, war ein Zungenspiel der feinsten Art. Wir küssten einander, als hätten wir seit Monaten keinen anderen Menschen gesehen. Er streichelte mich behutsam wie am Tag zuvor und fand schnell mit den Fingern seinen Weg zwischen meine Beine. Doch diesmal wollte ich nicht das Kommando abgeben, und drückte daher forsch seinen Oberkörper in eine liegende Position. Er leistete keinen Widerstand und sah zu, was ich tat.

Zielstrebig wanderte ich nach unten und betrachtete seinen schönen, bereits aufgerichteten Penis genauer. Er war leicht gekrümmt, was erklärte, warum er mich von hinten so gut hatte penetrieren können. Er beobachtete mich, während ich mit meiner Zunge und meinen Lippen mein Bestmöglichstes tat, um ihm Freude zu spenden. Viel zu lange hatte ich dies bei einem Mann nicht mehr getan, dabei war es immer eine besondere Spezialität von mir gewesen. Meine Hände hielten sich an seinen Pobacken fest und nur mit Mund und Zunge befriedigte ich ihn so tief ich konnte. Ich lutschte diesen wundervollen Schwanz, bis mir der Kiefer schmerzte, ich konnte einfach nicht genug von seinem salzigen Geschmack bekommen. Ich ließ nur kurz von ihm ab, um zu seinen Hoden zu wechseln und diese vorsichtig in meinen Mund zu nehmen. Als ich begann, sie mit der Zunge zu massieren und dann vorsichtig daran zu saugen, sah ich, wie er die Augen schloss und sich mit beiden Händen am Bettgestell hinter sich festhielt. Als ich merkte, dass es nicht mehr lange dauern würde, bis er abspritzte, beendete ich meine orale Aktivität und setzte mich mit meiner inzwischen tropfenden Spalte auf ihn.

Er wollte das nicht zulassen und versuchte, mich zurück in eine andere Position zu bekommen, in der *er* bestimmen konnte. Bevor es aber dazu kam, setzte ich mich mit Schwung tief hinunter und nahm seinen Schwanz komplett in mir auf. Er stöhnte laut und ließ sich zurück in die Kissen fallen. Ich griff seine beiden Handgelenke, drückte sie nach unten und stemmte mein Gewicht darauf. Ich hob mein Hintern und stellte mich auf die Fußballen, um mit Schwung schöne kraftvolle Stöße ausführen zu können, denen er sich nicht entziehen konnte. Bevor er verstand, was ich tat, war ich bereits mitten in einem grandiosen Fick. Diesmal dachte ich nur an mich, genauso, wie er es am Tag zuvor getan hatte. Ich trieb mich selbst meinem Orgasmus entgegen, bewegte mich so, wie es mir guttat. Was er wollte und ob ihm das gefiel, spielte für mich keine Rolle. Vielleicht gefiel ihm aber auch genau das: von mir benutzt und einfach genommen zu werden. Er ließ die Gegenwehr sein und gab sich mir komplett hin.

In meinem Kopf gab es nur noch reines, sexuelles Verlangen. Eine solche Leidenschaft hatte ich seit Jahren nicht mehr empfunden und wollte jede Sekunde davon auskosten. Viel zu früh rollte mein Höhepunkt heran, und ich schrie laut und voller Genugtuung, als ich merkte, dass ich es nicht mehr zurückhalten konnte. Meine Vagina zuckte kraftvoll und entließ Unmengen eines frisch produzierten Liebessaftes. Als wäre ich damit nicht schon genug ausgefüllt, spürte ich, wie auch er kam und mich mit seinem Samen überflutete.

Ich blieb noch kurze Zeit auf ihm sitzen und genoss den Moment, ihn genommen zu haben, bevor ich mich mit einem zärtlich langsamen Abschiedskuss zurückzog und ganz aufrichtete.

Er lag keuchend unter mir.

Dann sagte ich: »Wir sind noch nicht fertig. Los, mach sie ordentlich sauber.« Mit diesen Worten setzte ich mich mitten auf sein Gesicht.

Er atmete tief ein, krallte sich fest in meine Arschbacken und begann zu arbeiten. Seine Zunge glitt tief in meine Möse und berührte jeden noch so undenkbaren Millimeter in ihr. Er nahm sich Zeit, saugte genussvoll an meiner Perle, bis ich spürte, wie es mir erneut kommen würde. Auch er fühlte das und hielt mich stärker fest, während er meinen Saft unermüdlich trank und mich leckte. Der Schrei, der bei meinem zweiten Orgasmus aus mir herausbrach, musste noch im Nachbardorf zu hören gewesen sein. Es war großartig!

Dankbar, und völlig fertig, stieg ich von ihm herunter und verließ nach einem kleinen Abschiedskuss sein Zimmer. Mein Mut hatte sich gelohnt.

***

Eine durchdringende Stimme weckte mich am nächsten Morgen. Erst dachte ich, es wäre der Sturm draußen, der gegen die losen Bretter des Gartenschuppens kämpfte. Doch dann wurde ich klarer und konnte die Herkunft deutlich in der Küche einordnen. Ich schlüpfte in meinen Morgenmantel und folgte den bizarren Klängen. Kaum war ich am Treppenabsatz, konnte ich ihn sehen. Nackt wie Gott ihn schuf, tanzte er singend zwischen den Hängeschränken hindurch. Es klang wie eine Mischung aus brünstigem Bär und Hilfeschrei. Seine tiefe Stimme verlieh dem Ganzen etwas Düsteres.

Lächelnd blieb ich stehen und beobachtete die Szene.

Irgendwann drehte er sich in meine Richtung und brach bei meinem Anblick sofort ab. Grinsend kam er zu mir. »Guten Morgen, du Luder, Lust auf eine kleine Runde?« Während er das fragte, war seine rechte Hand bereits an meinen nackten Brüsten und sein Kopf wanderte hinunter, um hart an meinen Nippeln zu saugen.

Ich schloss die Augen und ließ ihn gewähren. Solche Momente hatten mir gefehlt. Das einzige Problem war: Dies hier war nicht mein Mann! Mir wurde bewusst, dass ich das mit jemand anderem tun sollte und drückte meinen Beglücker daher vorsichtig von mir.

»Nein, ich wollte gleich in den Ort, ein paar Besorgungen machen, bevor ich fahre. Für meinen Mann und die Kinder«, setzte ich nach.

Er seufzte. »Ich verstehe. Schade.« Er gab mir einen kleinen Kuss und ging zurück in die Küche.

Er schien es nicht schwer zu nehmen, denn als ich im Bad ankam, hörte ich ihn wieder singen.

***

Ich stand im heimischen Spielzeugladen und blickte mich um. Es gab wunderbares Holzspielzeug. Wie schön war es doch, etwas wirklich in der Hand zu haben und nicht nur virtuell zu nutzen. Erschreckend, dass meine Kinder solche Dinge gar nicht mehr kannten. Sortierboxen, Kaufladen, Murmelbahnen, Puppenhäuser. Am Ende nahm ich zwei kunstvoll gestaltete Lenkdrachen für sie mit. So hatten wir einen Grund, gemeinsam ans Meer zu fahren, schließlich brauchte so ein Drachen viel guten Wind. Neben mir standen zwei ältere Damen, die angeregt Tratsch austauschten.

»Richtig, der Johannsen ist ja schon seit Jahren allein. Wer weiß, was für seltsame Charakterzüge ein Mensch entwickelt, wenn er so lange einsam lebt.«

»Ich habe gehört, bei Vollmond sind seltsame Geräusche aus seinem Haus zu vernehmen. Frau Junker ist letztens mit ihrem Hund daran vorbei und hat sich furchtbar erschrocken. Als wenn jemand darin laut jammern würde.«

Die Einheimischen schienen sich ihre Meinung über meinen Vermieter bereits gebildet zu haben.

Grinsend dachte ich an seine Gesangsübungen und fragte mich, ob diese als Wolfsgeheul durchgehen würden. Alternativ kam die Dame wohl an seinem Haus vorbei, als er gerade weiblichen Besuch hatte. Sicher trieb er seine Spielchen nicht nur mit mir.

Im Buchladen wurde ich im Bereich Psychologie fündig. »So werden sie mutiger in dreißig Tagen.« Fast hätte ich meinem Nachwuchs das Nachschlagewerk »Haushalt leicht gemacht« gekauft, doch so gemein wollte ich dann doch nicht sein. Stattdessen gönnte ich meinem Mann einen Schmöker mit dem Titel »Tantra Basiswissen«.

Beschwingt packte ich alles ein und belud mein Auto für die Heimreise.

»Gut erholt?«, vergewisserte sich mein Verführer, während er lässig in seinem Hauseingang lehnte.

»Oh ja, das habe ich. Anders, als erwartet, aber ich bin absolut tiefenentspannt.«

»Gut so. Wenn dir irgendwann wieder nach einer Ablenkung sein sollte, komm einfach wieder.«

Ich küsste ihn zum Abschied mit Leidenschaft und voller Dankbarkeit. Er zog mich an sich heran und ich atmete ein letztes Mal den Geruch von *OldSpice* ein.

Es waren nur wenige Tage gewesen, doch sie hatten meinen Kopf besser zurechtgerückt, als jede Meditation oder Tablette das je hätte tun können. Vorbei die Zeiten der Frustration und Lethargie! Nun wollte ich jeden Moment auskosten. Meine Kinder würden lernen, dass eine Waschmaschine auch von ihnen bedient werden konnte und meine Kollegen konnten sich ebenfalls warm anziehen. Am meisten Arbeit kam allerdings auf meinen Ehemann zu. Ich würde ihm schon sehr bald klarmachen müssen, dass er meine Weiblichkeit zu ehren und zu lecken hatte, wann immer ich es verlangte.

Es wird sicher nicht zu seinem Nachteil sein, dachte ich mir lächelnd und startete den Wagen.

Eisiges Verlangen

Die Temperatur war über Nacht noch weiter gesunken. Das ganze Skigebiet lag nun wie ein winterlicher Märchenwald in strahlendem Weiß. Die Flocken fielen lautlos zu Boden. Mir tat es leid, den unberührten Schnee mit meinen Fußstapfen zu zerstören. Ich blieb stehen und blickte in die bezaubernde Landschaft um mich herum. In der Ferne waren die Berge zu sehen, ihre Gipfel ragten mächtig in den Himmel. Ich kam mir klein und unbedeutend vor, doch zeitgleich erfüllte mich Dankbarkeit. Was war es doch für ein Privileg, hier sein zu dürfen und diese unfassbare schöne Natur zu erleben. Und heute würde ich sogar noch mehr davon zu sehen bekommen. Bedächtig wanderte ich weiter zum vereinbarten Treffpunkt. Es war früh am Morgen und ich hatte als fortgeschrittene Skifahrerin einen Tagestrip zu den besonders schweren Pisten gebucht. Ein Ortskundiger begleitete Fremde wie mich, damit das Risiko sich zu verfahren, minimiert wurde.

Seit vier Tagen war ich mittlerweile hier und hatte bisher keine Minute bereut, der Urlaub war jeden Cent wert gewesen. Rundherum nur fröhliche Gesichter, selbst die übermütigen Skifahrer, die per Trage von der Piste zurückkehrten. Sogar frisch verletzt brachten sie es noch fertig, beim Transport zum Krankenhaus mit den Daumen nach oben zu zeigen. Bunt gemischt jeden Alters und jeder Herkunft verstand man sich blind mit der Person, die neben einem an der Bar stand. Man rempelte sich an und niemand war böse. Gern flirtete man mit dem Tischnachbarn und quetschte sich zwischen eine fremde Truppe Snowboarder. Keiner machte sich hier Sorgen. Der Erholungsfaktor war entsprechend besonders hoch.

Heute würde ich noch eins draufsetzen und einzigartige Skipisten befahren. Also schulterte ich meine Skier und stapfte fröhlich in Richtung der Ausflugsbasis.

Als ich dort eintraf, erkannte ich außer meinem Skilehrer Finn noch eine weitere Person. Offensichtlich war ich nicht die Einzige, die diesen Ausflug gebucht hatte. Allerdings erfüllte mich der Anblick nicht gerade mit Freude, eher mit leichter Panik, denn der Mann, der bei ihm stand, war mir vom letzten Après Ski noch gut in Erinnerung geblieben: ein Macho erster Klasse! Er hatte jede Frau angegraben, die sich an dem Abend in der Bar aufgehalten hatte. Seine Anmachsprüche waren furchtbar gewesen, leider konnte ihn jederzeit sein zweifelsfrei gutes Aussehen retten. Ausgerechnet *der* würde uns also begleiten. Meine Nervosität stieg. Der zugeteilte Guide sah nicht weniger gut aus und – typisch für einen Mann seines Berufes – war er auch noch extrem charmant.

»Guten Morgen zusammen«, begrüßte ich die beiden fröhlich, während ich versuchte, ein leichtes Zittern in meiner Stimme zu unterdrücken.

»Hallo, Flora, wir haben schon auf dich gewartet«, rief Finn strahlend. »Hast du alles, was du brauchst, oder fehlt noch etwas an deiner Ausrüstung?« Er überragte mich um mehr als zwei Köpfe und strahlte große Selbstsicherheit aus.

»Danke, ich bin schon für alles bereit.« Kaum ausgesprochen, bereute ich diese zweideutige Ansage.

»Das ist mein Stichwort. Mein Name ist Dennis, aber du darfst mich auch gern Mr Boombastic nennen«, drängelte sich prompt der Macho dazwischen.

Mir gelang es nicht, ein Augenrollen zu unterdrücken, doch anscheinend perlte das an ihm völlig ab.

»Hey, der Tag wäre noch viel schöner, wenn so eine bezaubernde Puppe wie du mich anlächeln würde.«

Puppe?! Ich ignorierte seine mäßigen Versuche, mich zu ködern und folgte stattdessen Finn zu seinem Wagen.

Er zwinkerte mir zu und es beruhigte mich, zu wissen, dass er Dennis' Verhalten offensichtlich genau so lächerlich fand.

»Keine Sorge, der ist harmlos. Ich kenne ihn bereits seit Jahren«, sagte Finn.

Als ich direkt neben Finn war, um einzusteigen, packte er mir mit einem eindeutigen Griff an den Hintern und schob mich so auf dem Rücksitz. Überrascht, aber nicht abgeneigt, schaute ich ihn an und erwiderte sein breites Grinsen.

Kurz nach mir stieg Dennis auf dem Beifahrersitz ein und drehte sich zu mir um. Anstatt etwas zu sagen, schaute er mir lediglich frech auf die Brüste und danach in die Augen. Seine Augenbrauen zuckten nach oben und seine Zunge feuchtete seine Oberlippe an. Ich drehte mich weg und blickte aus dem Fenster. Was mich am meisten ärgerte, war gar nicht sein schamloser Blick, sondern dass ich dabei leicht errötete.

Geplant war eine Tour, einige Kilometer vom Zentrum entfernt, zu einem der höchsten Berge in der Nähe. Von dort gab es einen Lift zu den angelegten Pisten in fast unberührter Natur. Die Strecken waren nicht für die Öffentlichkeit gedacht, sondern nur ausgewählten Einheimischen überlassen, die sie zahlenden Gäste anboten. Bereits am Vortag hatte Finn mit mir eine Fahrt auf normaler Strecke gemacht, um zu prüfen, ob ich den Anforderungen standhalten würde. Ich hatte es geschafft und war daher umso motivierter, endlich von ganz oben zu starten.

Nach einer überschaubaren Autofahrt parkten wir direkt am Transportlift und ich war sehr dankbar, als ich erkannte, dass hier ein System lief, bei dem jeder einzeln gezogen wurde. So hatte Dennis keine Gelegenheit, sich neben mir zu platzieren. Vor mir hatte sich Finn eingehakt und ließ sich lässig nach oben ziehen. Sein Hinterteil war berufsbedingt gut geformt und ich konnte ihn ungeniert anstarren.

Kaum waren wir am Ziel, nahmen wir zuerst den wahnsinnigen Ausblick in uns auf. Keiner sprach ein Wort. Selbst Finn, der diese Aussicht sicher schon oft genossen hatte, blickte nur schweigend in die Ferne. Er ließ uns den Moment, das alles in uns aufzunehmen und unterbrach dann mit seiner ruhigen Stimme die Stille.

»So ihr beiden, gut zuhören. Ich fahre voraus. Ihr folgt mir und haltet zueinander mehrere Meter Sicherheitsabstand. Wenn ich ein Zeichen zum Halt oder Richtungswechsel gebe, wird nicht diskutiert, sondern sofort reagiert. In der Nacht gab es viel Neuschnee. Es ist möglich, dass ich spontan den Kurs ändern muss. Ich weiß, dass ihr beide gut mit den Skiern umgehen könnt, also viel Spaß! Hals und Beinbruch.«

Wir nickten zur Bestätigung und machten uns bereit. Finn stieß seine Stöcke in den Boden und drückte sich ab. Dennis und ich taten es ihm gleich. Der Schnee kratzte unter unseren Skiern. Der Wind wehte kräftig in unsere Gesichter, die Muskeln in den Beinen ächzten unter der Belastung und wir rasten mit einer enormen Geschwindigkeit in Richtung Tal. Das Adrenalin schoss durch meinen Körper. Es war ein fantastisches Gefühl und ich speicherte es als den besten Nervenkitzel in meinem bisherigen Leben ab. Sobald eine Passage erfolgreich bewältigt wurde, ging es zu Fuß zu einem meist kurzen seitlichen Aufstieg für die nächste Abfahrt. Vielfältig präsentierte sich uns die Natur und ich konnte mich nicht entscheiden, welche Stelle mir am besten gefiel.

Während unserer Tour bemerkte ich, wie beide Männer ab und zu mit mir flirteten. Dennis ließ mir immer den Vortritt, wenn wir gingen, wobei er vielleicht nur am Anblick meiner Kehrseite interessiert war. Jedoch lächelte er dabei sehr einnehmend. Finn warf mir während der Fahrt immer mal wieder Blicke zu und vollführte Kunststücke, sobald er sich sicher war, meine Aufmerksamkeit zu haben. Wie ein Gockel, der mit seinem Können unbedingt prahlen musste. Obwohl mir so ein Verhalten meist zuwider war, wertete ich es in dieser Situation als sympathisch, da er mich offensichtlich damit beeindrucken wollte.

Zwei Stunden pure Freiheit flogen an uns vorüber, als es passierte. Ein krachender Donner ließ mich erschrocken zusammenfahren und aufschreien. Sofort stoppten wir und blickten in die Richtung, aus der der Donner gekommen war. Links über uns brach der Schnee ein. Wir konnten zusehen, wie sich eine große Fläche Schnee löste und drohte, hinunter zu brechen. Eine Lawine!

»Schnell, nach rechts, zu den Bäumen rüber!«, brüllte Finn.

Sofort erwachte ich aus meiner Starre. So schnell wir konnten, fuhren wir von der Gefahr weg und blieben kurz darauf unter einer schützenden Felskante stehen. Wir packten uns alle bei den Händen, damit niemand verlorenging und mitgezogen wurde. Unbeschreiblich laut und kräftig krachte ein großer Teil der Schneemassen über unsere Felskante an uns hinunter und riss alles mit, was sich in seiner Nähe befand. Die kleineren Äste der Bäume wurden verschlungen, als wären es Streichhölzer. Geschockt schauten wir der Naturgewalt zu und hofften, dass sie uns verschonen würde.

Es dauerte weniger als zehn Sekunden, dann war der Spuk vorbei. Keiner von uns traute sich eine Bewegung zu.

»Bleibt, wo ihr seid«, wies Finn uns an. »Möglicherweise kommen noch Schneeüberbleibsel nach. Wir gehen auf Sicherheit und warten hier einen Moment.«

Finn hatte die meiste Erfahrung, daher rührten wir uns keinen Millimeter. Wie recht er hatte, zeigte sich nur kurze Zeit später. Der Schnee entschied sich erneut für einen Abbruch und schob einen weiteren Block von sich. Es wirkte weniger bedrohlich als zuvor, hätte aber sicher gereicht, um uns ernsthaft in Gefahr zu bringen. Wieder warteten wir wie erstarrt ab und beobachteten die Gnadenlosigkeit der Natur.

Finn rührte sich, ging einen kleinen Schritt vor und sagte: »Jetzt ist es vorbei. Lasst uns schnell von der Piste runter. Wir bleiben rechts und fahren zu der nächsten Schutzhütte. Die liegt etwa zwei Kilometer von hier. Ich fahre voraus, ihr folgt mir. Keine Experimente!«

Keiner widersprach. Wir starteten langsam, wie am ersten Tag in der Skischule, unsere Abfahrt. Die kurze Strecke kam mir unendlich lang vor, wegen meiner Angst im Nacken, es könnte jederzeit die nächste Lawine losgehen und uns doch noch mitreißen. Meine Knie zitterten und ich brauchte meine ganze Konzentration, um auf meinen Brettern zu bleiben.

Als wir an der gut befestigten Holzhütte anhielten, sahen wir uns schweigend an und gingen zügig hinein. Anscheinend war sie für Notfälle wie unseren gebaut worden. Es gab einen tollen alten gemauerten Kamin, davor eine zerfranste Sofagarnitur.

»Der Abbruch war so heftig, dass ich befürchte, eine weitere Fahrt könnte erneut eine ungewollte Reaktion auslösen«, sagte Finn. »Daher ist es am sichersten, wenn wir uns hier abholen lassen, anstatt den geplanten Weg selber zu fahren. Blöd gelaufen, aber Sicherheit geht vor.«

Dennis und ich nickten. Der Schreck saß uns noch in den Knochen.

»Dennis, kennst du dich mit Technik aus?«, fragte Finn.

»Ja, warum?«

»Könntest du es schaffen, über das Funkgerät Kontakt zur Basisstation zu kriegen? Draußen ist ein Schuppen. Ich gehe dann für den Kamin Holz hacken. Und unsere Lady hier kann sich mal in den Schränken nach Nahrung umsehen.«

»Alles klar«, sagte Dennis und verschwand nach draußen.

Erst wollte ich gegen dieses Schubladendenken, dass Frauen in die Küche gehörten, protestieren, doch aufgrund der Umstände war ich wohl tatsächlich die beste Wahl dafür. Befreit von dem schweren Overall, ging ich auf Socken über den knarzenden Holzboden und öffnete die Schränke.

Es gab lediglich seit vier Jahren abgelaufene Konserven, ein Paket Zucker und drei Flaschen Kräuterlikör. Daraus würden wir nicht viel machen können. Anscheinend war es lange her, dass die Hütte benötigt worden war.

Angelockt durch das typische Geräusch von splitterndem Holz und dem Einschlag des Beils, huschte ich zu einem kleinen Fenster und betrachtete Finn beim Holzhacken. Er hatte sich von seiner schweren Jacke getrennt, stand in einem engen Hemd am Klotz und setzte seine Muskelkraft ein. Während ich zusah, bedauerte ich, dass es heutzutage so selten notwendig war, Brennholz zu machen. Seine Oberarme spannten sich bei jedem Schlag an, ebenso wie sein Gesicht. Es ließ erahnen, wie anstrengend diese Tätigkeit sein musste. Unbemerkt war Dennis durch die Hintertür wieder in die Hütte gekommen und ich zuckte erschrocken zusammen, als er plötzlich hinter mir sprach.

»Schon geil, so ein Skilehrer, was?! Gib ruhig zu, dass du ihn willst«, stichelte er.

»Ach, halt die Klappe! Ich wollte nur wissen, ob er schon genug Holz hat, damit wir Feuer machen können. Es ist eiskalt hier drin«, redete ich mich raus.

Natürlich hatte ich hingesehen, weil mir der Anblick gefiel, aber das musste er ja nicht wissen. Ich eilte zurück an die Schränke und wühlte weiter nach Essbarem. Dabei warf ich den einen oder anderen Blick zu Dennis und betrachtete auch ihn genauer.

Er schob gerade das Sofa und die zwei Sessel näher an den Kamin und machte währenddessen Faxen, um mich zu unterhalten. Dabei entdeckte ich ein wirklich süßes Grübchen in seinem Mundwinkel, das immer tiefer wurde, je mehr er lachte. Abgesehen von seinen Sprüchen war er ein netter Kerl und zugegeben auch sexy auf eine besondere Art.

Kurze Zeit später kam Finn mit den Armen voll Holzscheiten zurück und ließ sie vor dem Kamin fallen.

»Und, hast du jemanden erreicht?«, fragte er Dennis.

»Ja, sie haben die Lawine aus der Ferne gesehen und meinen, mit den Schneemobilen können sie erst morgen früh herkommen, wenn der Schnee sich festgesetzt hat. Bis dahin sollen wir hier warten.«

Großartig! Eine Nacht gemeinsam mit einem heißen Skilehrer und seinem nicht weniger scharfen Kumpel ...

Ich war mäßig begeistert, allerdings nur, weil ich mich nicht entscheiden konnte, wen ich reizvoller fand. Zudem konnte ich keinen von beiden heimlich anbaggern, da ich hier immer vom jeweils anderen bespitzelt wurde. Schade, wirklich schade.

»Dann machen wir das Beste draus und übernachten eben hier, so schlimm wird es schon nicht werden«, sagte Finn pragmatisch.

In der Zwischenzeit war ich ganz hinten im Regal doch fündig geworden. Ich hatte den Likör rausgestellt und dahinter einen größeren Jutesack voller Maiskörner und eine Ölflasche entdeckt, wo sich noch ein kleiner Rest drin befand. Auch einen gusseisernen Topf hatte ich entdeckt.

Gespannt saß ich bald darauf direkt vor dem Kamin, wo ich den Topf in die Glut geschoben hatte. Die beiden Männer setzten sich neben mich, jeder auf eine Seite. Gemeinsam schauten wir in das Feuer und es dauerte nicht lange, bis wir das Krachen im Topf hörten. Heißes Popcorn war ein guter Seelentröster in so einem Moment, und wir jubelten alle gleichzeitig über jedes erfolgreiche Ploppgeräusch. Zusammen mit dem Zucker ergab sich eine klebrige und sehr süße Leckerei.

Gerade, als ich mir die Finger ablecken wollte, griff sich Finn meine Hand, um mir diese Aufgabe abzunehmen. Er sah mir direkt in die Augen und steckte sich jeden meiner Finger einzeln in den Mund. Es kribbelte, als wären tausende Ameisen darin, und sein verführerischer Blick tat sein Übriges. Dieser Typ war heiß, richtig heiß!

Plötzlich fragte er mich: »Hast du es schon mal mit zwei Männern gleichzeitig getan?«

Völlig überrumpelt von dieser Frage, zog ich meine Hand weg und stand entrüstet auf. »Nein! Und ich habe auch nicht vor, das zu ändern! Was denkt ihr denn von mir?«

Dennis erhob sich ebenfalls und umarmte mich von hinten. »Ach Süße, sei offen für uns. Das wäre echt eine geile Sache ...

hier so einsam in der Hütte, meinst du nicht?«

Ich schob ihn widerwillig von mir. Der Gedanke reizte mich zwar, aber ob die beiden die richtige Kombination dafür waren? Schon öfter hatte ich heimlich davon geträumt, es mit zwei Männern zu machen. Diese beiden waren mit Sicherheit nicht die schlechteste Wahl, doch ich war mir nicht sicher, ob sie möglicherweise mehr wollten, als ich geben konnte. Nachdenklich stand ich mitten im Raum, unsicher, wie ich auf dieses spontane Angebot reagieren sollte.

Dennis kam wieder näher und stellte sich direkt vor mich. »Kostprobe, damit dir die Entscheidung leichter fällt?«

Bevor ich wusste, was er meinte, hatte ich seine Lippen auf meinen und eine vorsichtige Zunge, die sich ihren Weg suchte. Zu perplex, um mich zu wehren, machte ich mit und war positiv überrascht. Was er da tat, konnte er wirklich gut!

Er ließ wieder von mir ab und schaute mich lächelnd an. »Und nun stell dir vor, du bekommst alles doppelt«, sagte er und drehte mich mit seinen Händen an meinen Hüften herum.

Ich stand nun direkt vor Finn. Dennis blieb hinter mir und drückte seine Brust gegen meinen Rücken. Finn nahm seine Hände an meinen Hals und küsste mich. Ich roch warmen Männerschweiß und Sägemehl. Was passierte hier? Wieso unternahm ich nichts? Es war unverschämt von beiden, aber leider auch zu gut, um es zu beenden. So stand ich zwischen ihnen und registrierte, wie sich etwas in mir regte. Ich konnte nicht leugnen, dass es mir gefiel.

»Wir machen ein Trinkspiel«, unterbrach Dennis unseren Kontakt. »Es ist ganz einfach. Du kennst bestimmt *Schere, Stein, Papier*?«

»Ja, das ist mir bekannt«, sagte ich wenig begeistert.

»Prima, wir zählen bis Drei, dann zeigt jeder von uns eins der bekannten Handzeichen. Wer verliert, muss trinken.«

Ich frohlockte, darin war ich ziemlich gut. Allerdings tat ich so, als müsste ich mich überwinden. »Na gut, lasst es uns versuchen.«

Die beiden Männer stellten mit leuchtenden Augen drei Gläser und die Flasche Likör auf den Fußboden.

»Okay, los geht's. Eins, zwei, drei!«, begann Dennis die erste Runde.

Jeder zeigte seine rechte Hand. Ich hatte Papier, Dennis eine Schere und Finn einen Stein.

»Stein zerschlägt Schere und Schere schneidet Papier. Flora muss trinken«, jubelte Dennis.

Das fing ja gut an! Seufzend hielt ich Finn ein Glas hin. Ohne zu zögern, kippte ich den Likör hinunter und war bereit für die nächste Runde. Wieder zeigten alle ihre Hand. Diesmal hatte ich den Stein, die Männer Papier.

»Papier umwickelt den Stein. Flora du darfst schon wieder trinken«, sagte Finn.

Ohne zu murren leerte ich das zweite Glas, allerdings merkte ich schnell, dass Popcorn keine gute Grundlage bot. Der Likör war nicht von schlechten Eltern. Bei Runde drei begann ich, misstrauisch zu werden.

»Meine Schere zerteilt deinen Stein und Finns Stein zerschlägt ihn. So langsam glaube ich, du willst den ganzen Alkohol für dich«, bemerkte Dennis.

Die Männer lachten und ich überlegte, ob ich das Spiel richtig begriffen hatte. Meinem Gesicht konnte man die Verwirrung bestimmt ansehen, denn ich sah, wie die beiden einen kumpelhaften Blick austauschten. Wie der Zufall es wollte, verlor Dennis die nächste Runde, danach Finn. Kaum hatten die beiden ihren ersten Schluck bekommen, war ich leider wieder fällig. So ging es weiter.

Ab der zwanzigsten Runde wusste ich nicht mehr, worum

es bei dem Spiel überhaupt ging, geschweige denn, ob es Regeln gab. Dafür lachte ich immer lauter mit, irgendwie war es doch richtig lustig mit den beiden. Wir spielten, tranken und schnell war auch die zweite Flasche leer. Der Kamin heizte uns zusätzlich gut ein und unsere Wangen glühten. Irgendwann registrierte ich, dass die beiden Kerle bereits nur noch in Shorts vor mir saßen.

Daraufhin wurde ich von Dennis getadelt: »Hey, du hängst hinterher. Worauf wartest du? Wer verliert, muss sich ein Kleidungsstück ausziehen.«

Seit wann war das denn Teil des Spiels, fragte ich mich verwirrt. Bevor ich protestieren konnte, zogen beide an meiner Kleidung. Finn packte sich meine Knöchel, brachte mich so in eine liegende Position und zog meine Hose aus. Dennis streifte mir mein Shirt über den Kopf. So schnell hatten wir also Gleichstand. Ich lag nur noch in Unterwäsche vor beiden und setzte mich langsam hin. Ich bemerkte ihre Blicke auf meinem Körper und musste lächeln. Schon immer war ich stolz auf meine Figur gewesen und tat viel dafür, dass sie so blieb.

»Du hast so schöne Beine. Gibt's die auch offen?«, witzelte Dennis.

Doch aufgrund meiner gefühlten zwei Promille fand ich den Spruch sogar lustig. Kichernd machte ich die Beine breit. Da ich noch meinen Slip trug, konnte er allerdings nicht viel sehen.

»Oh ... ich sehe, da ist schon jemand feucht«, hörte ich seinen begeisterten Ausruf.

Ich tastete mit einer Hand zwischen meine Beine und fühlte es selbst, ich war deutlich erregt. Es gab nichts mehr zu verbergen. Dennis legte sich nahe an mich und streichelte meine Oberschenkel. Dabei behielt er mich im Blick und wanderte mit dem Mund näher an meine Mitte. Er zog mit einer Hand den Slip zur Seite und tauchte mit der Zunge in das ein, was er fand. Ich zuckte kurz zusammen und sah ihm zu. Währenddessen packte Finn von hinten mein Kinn und bog es zu sich, sodass er mich wieder küssen konnte. So saß ich also leicht nach hinten gelehnt inmitten zweier heißblütiger Männer, die mich unbedingt vögeln wollten. Plötzlich erschien mir die Gelegenheit tatsächlich günstig. Wenn ich einen Dreier versuchen wollte, warum nicht hier und jetzt? Beide waren offensichtlich erfahren, und nach dem Urlaub würde ich keinen von beiden jemals wiedersehen.

Ich hob mein Becken. Dennis verstand sofort. Er griff an beiden Seiten zu, zerriss meinen Slip und ich lag frei vor ihm. Mein BH war ebenfalls, dank Finns flinken Händen, nur eine Formsache. Beide hatten sich auch ihrer letzten Kleidung entledigt, so lagen wir drei nackt vor dem flammenden Kamin.

Ich wollte wissen, wie sie aussahen und drehte mich zur Seite. Zwei erwartungsvolle Gesichter schauten mich an. Mein Blick fiel auf Finns prächtiges Glied direkt bei mir, dann auf den Schwanz von Dennis. Beide waren wunderschön anzusehen und hart aufgerichtet. Ich musste sie probieren!

Zuerst drehte ich mich zu Finn und nahm sein Glied langsam zwischen meine Lippen. Er legte sich hin und hielt meinen Kopf dabei, während Dennis mein Becken anhob, damit er zwischen meine Beine konnte. Nichts war außer dem Knistern des Feuers und den schmatzenden Geräuschen unserer oralen Aktivitäten zu hören.

Als ich spürte, dass ich dringend mehr brauchte, als nur eine Zunge, stand ich auf. Ich fixierte Dennis, schob mich zu ihm und drückte seinen Körper in eine sitzende Position auf dem Sofa. Ich sank auf die Knie und meine Lippen zeigten ihm, wie reizvoll sie waren. Finn rückte nach und nutze seine Hände, indem er meine bereits vorhandene Nässe auch in meinem Anus verteilte. Er drang zuerst in meine Spalte, zog seine nassen Finger heraus und stach in meine Rosette. Erst mit einem Finger, dann mit zweien, schließlich sogar drei. Er dehnte mich sanft und ich wusste wofür. Es wurde Zeit, dass ich das Kommando übernahm.

Ich konnte auf meiner Zunge fühlen, wie stark Dennis' Schwanz pochte – als wäre sein Herzschlag direkt in seinem Schwellkörper. Ich sog ein letztes Mal ganz fest, hörte sein Stöhnen und nahm meinen Mund von ihm. Ich stand auf. In seinen Augen erkannte ich pure Verwirrung und den flehenden Blick, ihn doch weiter zu bearbeiten. Ich lächelte wissend, drehte mich um, präsentierte ihm meine Kehrseite. Meine Beine öffneten sich hüftbreit und ich setzte mich langsam hin. Er griff fest in meine Arschbacken, konnte sich kaum halten. Sein Becken ruckte nach oben, obwohl ich noch gar nicht in Reichweite für ihn war. Ich stütze mich mit den Händen auf seinen Oberschenkeln ab und positionierte mich. Nichts wollte ich in dem Moment mehr, als diesen wunderschönen Penis in mir spüren, doch anders als er dachte ... Bevor er eingreifen konnte, berührte ich seine Eichel mit meinem Anus. Keuchend begriff er. Ich befürchtete, er würde sein wertvolles Sperma verspritzen, bevor er so richtig schön in mir war. Er biss tatsächlich die Zähne zusammen. Ich konzentrierte mich auf meinen Hintereingang, dehnte ihn ganz langsam mithilfe seines Schwanzes. Voller Freude nahm ich ihn stückchenweise in mir auf. Immer wieder drückte ich mich nach oben, um ihn etwas mehr zu reizen. Als ich ihn vollständig in meinem Schließmuskel festhielt, seufzte ich voller Geilheit. Mit geschlossenen Augen blieb ich auf ihm regungslos sitzen und lehnte mich dann nach hinten. In aller Ruhe legte ich mich mit meinem Rücken auf seine Brust, zog meine Beine nach vorn und griff mit den Händen in seine Hüften. Alles, was ich wollte, war das Gefühl auszukosten, diesen mächtigen Teil von ihm zu besitzen.

Seine Hände massierten kräftig meine Brüste und ich hoffte, er würde es noch lange aushalten. Da wir uns nicht bewegten, war die Chance groß, dass er noch nicht kam. Während wir einander spürten, kam Finn näher an uns heran. Bisher war er nur Zuschauer gewesen, aber sein Glied war bereit für eine aktive Mitarbeit. Er blieb genau vor mir stehen. Seine Beine berührten meine Knie, drückten sie soweit es ging auseinander. Auf die Knie sinkend fuhr seine Zunge über meine offen vor ihm liegende Vagina. Meine Perle schrie vor Lust. Als er sie umfuhr, zuckte mein Anus zusammen. Dennis keuchte unter mir. Ich versuchte, mich wieder zu lockern, indem ich tief einatmete. Dachte ich gerade noch, der Sex könnte gar nicht geiler werden, wurde ich hier eines Besseren belehrt. Ich trug einen harten Schwanz in mir und wenn ich richtig ahnte, würde er gleich Gesellschaft bekommen.

Finn leckte mich leidenschaftlich, voller Gier. Es war ein gutes Zusammenspiel aus leckenden Küssen und saugender Kraft für mein dankbares Geschlecht. Meine Klitoris schwoll an, wurde hart, und nicht nur mir wurde das schmerzhaft bewusst. Auch Finn fühlte das sehr genau und ersetzte seine Zunge durch sein wartendes Glied. Jetzt würde der Moment kommen ... Ich konnte mich kaum zurückhalten, so sehr wollte ich sie beide haben. Jetzt sofort und in voller Pracht!

Dennis rieb meine Brustwarzen zwischen seinen Fingern, während wir alle unseren Blick nach unten richteten. Finn drang in mich ein, in Gegenden, die bereits anal beansprucht waren. Meine Möse war nur noch dazu da, um möglichst feste Reibung zu erzeugen – und sie machte ihren Job gut. Mit Bedacht, aber konsequent, drang Finn in mich ein. Dennis fühlte ihn wohl ebenfalls, denn er stöhnte lauter. Mit leichten Stößen bewegte er sein Becken, um mich zu penetrieren, während Finn noch auf dem Weg zum tiefsten Punkt war.

Beide waren gründlich in dem, was sie taten. Gut abgestimmt wurde ich stimuliert und zum besten Orgasmus meines Lebens getrieben. Als Finn bis zum Anschlag eingedrungen war, hielten beide Männer kurz inne und wir drei fühlten diese Verbindung miteinander. Doch es war nicht von Dauer. Wir wussten, bis zur Ekstase war es nur noch ein ganz kurzer Weg.

Die Männer begannen mit ihrer Endphase. Ich wurde hart rangenommen und konnte nichts mehr sagen oder tun. Einzig meine Lust herausschreien war mir noch geblieben. Abwechselnd stießen sie zu und endlich kam meine Rettung ... Der angesammelte Saft suchte sich seinen Weg ins Freie und nahm meine Emotionen mit. Ich konnte meine Beine nicht mehr ruhig halten, meine Hände rissen am Sesselpolster und ich zitterte am ganzen Körper. Ein langgezogener Schrei unter mir verkündete Dennis' heftige Spritzer, die ich deutlich fühlen konnte. Finn folgte kurz nach ihm. Auch er gab alles großzügig in meinem Inneren ab.

Als die beiden Schwänze mich verließen, wollte ich sie am liebsten festhalten, so schön war es gewesen, sie in mir zu haben. Ich fühlte mich etwas Wundervollem beraubt. Plötzlich gingen meine Gefühle mit mir durch, und vor lauter Emotion liefen mir die Tränen runter.

Die beiden Männer entdecken meinen Ausbruch. Sofort hob Finn mich hoch und legte mich auf das Fell vor dem Kamin. Dennis folgte ihm. Beide nahmen mich in dem Arm, so war ich geschützt in ihrer Mitte. Dennis lag in der Löffelchen-Stellung hinter mir und berührte kreisend meine Klitoris, während er meinen Nacken küsste. Finn vor mir streichelte meine Brüste, während seine Lippen die meinen suchten. Nie zuvor hatte ich mich so geborgen und geliebt gefühlt, wie in diesem Moment.

Meine Spannung im Körper begann nachzulassen. Bald atmete ich ruhig zwischen diesen wundervollen Männern und drehte mich auf den Rücken. In jede Hand nahm ich einen Penis und massierte ihn vorsichtig. Wir wussten, dass heute kein weiterer Sex mehr folgen würde, aber einander berühren mussten wir uns, es ging gar nicht anders. Ich küsste den einen, drehte den Kopf und widmete mich dann dem anderen.

Langsam sanken wir in den Schlaf. Das Feuer knisterte immer leiser, denn das Holz war fast vollständig verzehrt, nur die Glut blieb zurück.

Neues Verlangen

Es wird ein aufregender Tag werden, denke ich freudig, als ich aus meinem Cabrio steige. Der Wind weht leicht, auf meinen Armen bildet sich eine feine Gänsehaut. Wir haben bereits Frühling, aber die Sonne hat den Weg durch die dichten Wolken noch nicht ganz gefunden. Lächelnd denke ich daran, wie sehr ich meinen Job mag. Wer kann schon von sich sagen, dass er mit etwas Geld verdient, was er wirklich liebt?

Mein erster Blick fällt auf das Gebäude, vor dem ich stehe. Es ist bewundernswert zweideutig gebaut, anscheinend war man hier bei der Planung von Anfang an konsequent. Das Haus besteht aus einem hohen runden Turm, dessen oberste Etage mit einer gläsernen Kuppel überdacht ist. Rechts und links des Hauses wachsen zwei herrlich dichte Ahornbäume.

Geplant ist für heute der anonyme Besuch eines Clubs, der besondere Spezials auf seiner Homepage anbietet. Ich bin für ein Bewertungsportal im Internet tätig und teste unangemeldet angesagte Veranstalter auf Seriosität und ihre Möglichkeiten. Wir sind landesweit tätig und werden regional zugeteilt. Diesmal habe ich die Ehre, da das neu eröffnete Etablissement unweit meines Wohnortes liegt. Die Prüfung verlangt meine ganze Aufmerksamkeit und vor allem die Motivation, sich ausgiebig mit Sex zu beschäftigen. Der Club heißt »Phallus«.

Ich habe mich für einen Willkommenstag angemeldet. Laut der Bestätigung habe ich dabei die Möglichkeit, aktiv und passiv am Geschehen teilzunehmen, je nachdem, was ich bevorzuge.

***

Die automatische Eingangstür öffnet sich schwungvoll für mich, als ich nähertrete. Am Empfang sind zwei charmante Damen, deren Lächeln wohl jedem noch so schüchternen Neuankömmling Mut machen wird. Ich nenne meinen Namen und werde gebeten, kurz Platz zu nehmen. Ein Kollege wird gleich kommen und mir alles zeigen. Entspannt setze ich mich in einen der Klubsessel und nehme die Umgebung in mir auf. Ich sehe viele fröhliche Gesichter, niemand ist gestresst oder nervös. Ruhig und neugierig wandern die Leute an mir vorbei. Die meisten scheinen sich bereits auszukennen, denn sie gehen gezielt in eine bestimmte Richtung. Plötzlich erscheint vor mir ein stattlicher Mann, der lediglich mit knappen Shorts bekleidet ist.

»Willkommen im ›Phallus‹«, sagt er. »Mein Name ist Rick. Da wir hier schnell intim werden, duzen wir uns. Ich hoffe, das ist für dich in Ordnung?«

Sein smartes Lächeln macht ihn direkt sympathisch, der ausgeprägte Bizeps tut sein Übriges. Er hat zottelige schwarze Haare und etwas von einem Lausebengel.

»Natürlich, mein Name ist Nina«, sage ich lächelnd und gebe ihm die Hand.

Sein Griff ist warm und fest.

Sofort habe ich die Assoziation im Kopf, ob der Rest seines Körpers ebenfalls so stramm ist. *Meine Güte, Nina, reiß dich zusammen!*, maßregele ich mich selbst. Noch nicht mal im Nacktbereich und schon gerate ich in Wallung ... Anscheinend war ein Besuch für mich überfällig, zu lange hatte ich keine Zeit mehr gefunden, mich gebührend um mich selbst zu kümmern.

»Wir gehen zuerst durch die Umkleide und von dort über alle Etagen«, erklärt mir Rick. »Wenn wir oben angekommen sind, kennst du dich aus und bist bestens gerüstet für deine hoffentlich zahlreichen Besuche in der Zukunft.«

»Das klingt verlockend.«

Ich stehe auf und folge ihm bereitwillig in Richtung Umkleide. In einer langen Reihe sind viele Kabinen, wie in einem Schwimmbad. Er überreicht mir einen kleinen Schlüssel und hält mir die Tür einer Kabine auf.

»Ich erwarte dich auf der anderen Seite«, sagt er zwinkernd und geht hinaus.

Ich teste, wie viel Platz die Zelle bietet. Es reicht locker, um auf der fest angebrachten Sitzfläche Platz zu nehmen und die Beine auszustrecken. Ich stelle meine Tasche ab und suche darin nach dem passenden Outfit. Meist habe ich mehrere zur Auswahl, da ich oft erst vor Ort entscheide, welche Variante am besten passt. Zu Anfang will ich nicht zu viel zeigen, da wir ja erst im Haus unterwegs sein werden, anders als in einem Standard-Swingerklub, bei dem man einen Raum betritt und dort meistens auch bleibt. Ich entscheide mich für ein längeres Negligé, das mir bis über die Knie geht. Es deutet an, wie ich aussehe, aber durch die dunkelrote Farbe ist mehr zu erahnen als wirklich zu sehen. Meine Hüften zeigen, dass ich durchaus Figur habe und meine Oberweite lockte die Männer schon immer in meine Nähe. Zufrieden überprüfe ich mich im Spiegel, der in der Kabine hängt, und finde mich ziemlich sexy. Das auszustrahlen, ist wichtig, vor allem in meinem Job. Auf der anderen Seite gehe ich hinaus und stehe direkt vor einem Schrank, zu dem der kleine Schlüssel passt. Ich kann ihn mit einem kleinen Band unbemerkt um das Handgelenk binden, ohne dass er stört.

Nach kurzem Weg komme ich durch eine Tür in den interessanten Bereich. Es handelt sich um eine kleine Halle, von der Fahrstühle und eine breite Treppe zu den verschiedenen Etagen führen.

Rick empfängt mich und beginnt motiviert unseren Rundgang. »Im Keller gibt es auch eine Bondagefläche und BDSM-Bereiche, aber die waren ja laut deiner Anmeldung für dich nicht interessant.«

»Das ist korrekt, für Schmerzimpulse und eingeschränkte Bewegung habe ich keine erogene Zone«, bestätige ich.

»Dann arbeiten wir uns einfach nach oben. Bitte folge mir.«

Die Fahrstühle haben anscheinend keinen Transportzweck, sondern werden für Quickies genutzt, denn an den Schaltern hängt ein Hinweisschild mit der Aufschrift: »Bitte habt Verständnis, wenn ihr beim Öffnen des Fahrstuhls ein wild treibendes Pärchen seht. Wir möchten so viele Wünsche wie möglich erfüllen und bieten damit die Möglichkeit, entdeckt zu werden. Für das Wechseln der Etagen empfehlen wir aufgrund der längeren Wartezeit daher die Treppen.«

Ich muss über den Text schmunzeln, folge dann aber sogleich meinem Führer. Die breiten Treppenstufen sind mit weichem Teppich ausgelegt. Da ich, wie die meisten, barfuß laufe, ist das sehr angenehm.

Die erste Etage nennt sich »Voyeur Area«.

Rick tritt neben mich, um mir die Feinheiten zu erklären. »Hier fühlen sich alle wohl, die gern zusehen oder beobachtet werden möchten. Mittig ist ein großer runder Raum, der komplett mit Glas eingefasst ist. Es gibt mehrere kleine Kammern außerhalb davon, die dir verschiedene Perspektiven bieten. Dort bist du allein mit dir und deinem Körper, während du zusiehst, wie es die anderen miteinander treiben. Alternativ besteht immer die Möglichkeit einer Begleitung. Wir können gern mal näher rangehen, damit du dir ein besseres Bild machen kannst.« Während er spricht, berührt er mit seiner

Hand meinen Rücken und schiebt mich mit leichtem Druck nach vorn.

Gemeinsam gehen wir in den abgedunkelten Außenring, der sich um das Geschehen in der Mitte zieht. Man kann in der ideal gewählten Beleuchtung gut erkennen, was passiert, kein Detail bleibt verborgen. Wir suchen uns eine der kleinen Kammern, die gerade frei ist, und setzen uns. Diese ist wohl durchaus auch für mehrere Personen gedacht, denn wir sitzen nicht einfach auf Stühlen, sondern auf einer längeren, gut gepolsterten Bank ohne Lehnen. Die Bank ist so ausgerichtet, dass ich vorn sitze und Rick direkt hinter mir.

Fasziniert sehe ich zu, wie vier Paare vor uns ausgiebig ihren Trieben nachgehen. Die beiden, die uns am nächsten sind, lächeln uns an. Offensichtlich freuen sie sich über neue Zuschauer und wollen uns etwas bieten. Das Paar tauscht untereinander einen Blick aus und er dirigiert sie in eine neue Position. Sie ist nun auf allen vieren und er hinter ihr. Damit wir auch genau sehen, was passiert, streckt sie ihren wohlgeformten Arsch genau in unsere Richtung. Der Mann nimmt zwei Finger in den Mund und schiebt sie danach zwischen ihre Schamlippen. Er massiert ihr Inneres, während er mit seiner Rechten an seinem eigenen Glied spielt. Ich finde es hochinteressant, zu sehen, wie sehr ihr das gefällt und beobachte, wie sie von feucht zu richtig nass wechselt. Bereits nach wenigen Minuten sehe ich, wie es aus ihr heraustropft. Sie wirft ihren Kopf wild in den Nacken. Ihr Becken bewegt sich stoßweise den Fingern ihres Mannes entgegen, welcher mit offenem Mund auf die gleiche Stelle starrt wie wir. Ohne es zu bemerken, ist meine linke Hand ebenfalls an meinen Schamlippen angekommen, und ich umkreise meine kribbelnde Perle. Ein Zeigefinger findet den Weg in meine untervögelte Spalte und im gleichen Tempo wie er sie fingert, tue ich es bei mir selbst auch.

Mein Nacken liegt auf Ricks linker Schulter, während ich mein linkes Bein aufstelle, um tiefer in mich zu kommen. Ich nutze ihn als Stütze und lasse meinen Oberkörper zurückfallen. Er macht keinerlei Anzeichen, dass ihm das missfällt. Meine Atmung geht schneller und ich beobachte fasziniert das Paar und hoffe, dass sie es bald miteinander treiben. Ich freue mich schon darauf, zu sehen, wie er sie nimmt und überlege, ob sie wohl noch mehr Saft produziert, wenn sein Schwanz in sie reinhämmert. In mir bildet sich Hitze und auch ich sehne mich nach einer guten Nummer.

Rick war bisher untätig, doch anscheinend hat auch er das Bedürfnis nach mehr Kontakt. Meine rechte Hand ruht auf seinem Knie, meine linke ist nach wie vor aktiv. Ich merke, wie er seine Hände vorn an meine Brüste legt. Er umfasst sie vollständig und beginnt langsam, sie zu massieren. Währenddessen fühle ich seinen Atem in meinem Nacken und spüre, wie seine Lippen meine Haut berühren. Er gibt mir viele kleine zarte Küsse und umrundet mit seinen Zeigefingern meine Knospen.

Der Mann vor uns zieht die Hand aus seiner Frau und gibt ihr zwei deutliche Klapse auf das Hinterteil. Anscheinend war das ihr Zeichen, denn sie dreht sich herum, bleibt auf allen vieren und nimmt gierig den bereits stark zuckenden Penis ihres Begleiters in den Mund. Er umfasst ihren Kopf mit beiden Händen, schließt die Augen und stößt langsam zu, während sie ihren Rachen voll hergibt.

In mir werden Emotionen ausgelöst, die ich lange nicht mehr so empfunden habe, die aber jetzt umso lauter schreien und befriedigt werden wollen. Ich ziehe meine Finger aus mir heraus und kralle mich mit beiden Händen im Polster unter mir fest. Mein Begleiter nutzt seine Chance, packt meine Knie und zieht die Beine weit auseinander. Der Mann vor uns hat die Augen wieder geöffnet und sieht mich direkt an. Ich liege wie auf dem Präsentierteller breitgespreizt vor ihm und er kann genau sehen, wie bereit auch ich schon bin. Es macht ihn genauso geil wie mich, dass wir uns gegenseitig beobachten, und er zwinkert mir wissend zu.

Ich habe meine Füße hinter Ricks Unterschenkeln eingehakt, sodass ich wundervoll geöffnet und leicht zugänglich bin. Seine Hände wandern von beiden Seiten der Oberschenkel innen zielstrebig zu meiner Mitte. Er benutzt nur die Fingerspitzen und ich muss leise lachen, weil es kitzelt. Als er an meiner Scheide eintrifft, nimmt er zwei Finger von beiden Händen, um in mich einzudringen. Er steckt sie so tief in mich wie es nur geht und zieht sie wieder ganz heraus. Er wiederholt dieses Spiel mehrfach. Ich kann mich nicht mehr ruhig halten. Mein Becken streckt sich seinen Händen entgegen, meine Hände habe ich inzwischen hinter seinem Kopf verschränkt, um mich besser festhalten zu können. Rick behält zwei Finger in mir und nimmt die anderen beiden an meine Klit, um mich außen und innen gleichzeitig befriedigen zu können. Ich stöhne und vergesse kurz, dass wir selbst auch unter Beobachtung stehen.

Ich schaue zu den beiden im Raum und finde sie auf den Knien, wo sie sich leidenschaftlich küssen. Beide lösen sich voneinander, blicken uns an und ich kann sehen, dass ihre Atmung stark erhöht ist. Auch sie wollen nun zum Höhepunkt kommen. Die Frau lässt sich wieder mit hochgerecktem Arsch nach unten fallen. Sie dreht sich mit einem gierigen Blick zu ihrem Mann um und präsentiert uns direkt ihre Öffnung. Ihr Mann setzt seinen prallen Schwanz an. Ich spüre, wie ich innerlich mitfiebere. Ich hoffe, dass er sie richtig hart rannimmt, denn genau das würde mich jetzt noch geiler machen.

Rick beißt mir zärtlich in den Nacken und setzt seine Hände nach wie vor sehr gekonnt ein. Er umkreist meine Perle nicht nur, sondern zieht sie zwischen Zeige- und Ringfinger immer wieder lang, um mich so zu reizen. Mein Unterleib beginnt bereits zu vibrieren und ich kann es kaum erwarten, zu kommen. Der Mann vor mir scheint einen ähnlichen Wunsch zu haben, denn kaum teilt seine Eichel die Schamlippen seiner Angebeteten, stößt er ihn bis zum Ansatz in sie hinein. Beide schreien laut auf und ich mit ihnen. Er verweilt nicht in ihr, sondern beginnt, mit klatschend schnellen Bewegungen einen richtig guten Fick. Allein die Vorstellung, wie es wäre, wenn er dies bei mir tun würde, reicht, um meinen ersehnten Höhepunkt auszulösen. Mein Begleiter spürt das genau, und beschleunigt seine Fingerspielchen. Er nimmt einen dritten Finger hinzu und penetriert mich damit schnell und gekonnt. Nun kann nichts mehr auf dieser Welt den anrollenden Orgasmus verhindern. Ich schreie ihn aus mir hinaus und fühle deutlich seine Finger in mir, als meine angeschwollene Möse beginnt, den produzierten Saft nach außen zu pumpen.

Ich schließe die Augen und genieße diesen Moment, während Rick immer noch langsam mit seinen Fingern in mich stößt und mein Lustzentrum umkreist. Mein Orgasmus ebbt etwas ab und ich lächele im wahrsten Sinne des Wortes befriedigt.

In dem Moment höre ich, wie das Geschrei vor mir lauter wird. Sofort öffne ich die Augen, um den Höhepunkt unseres Paares miterleben zu können. Sie scheinen sich schon länger zu kennen, denn sie kommen gemeinsam. Das Gesicht des Mannes, während er kommt, ist wunderschön anzusehen. Erst ist es komplett angespannt, bis kurz vor seinem Schuss, und in dem Moment, wo er sich entlädt, lässt sämtliche Spannung in seinen Gesichtsmuskeln nach. Die pure Erleichterung ist ihm anzusehen.

Schließlich zieht er seinen erschlafften Penis aus ihr heraus, um danach mit dem Zeigefinger noch ein bisschen in ihr zu massieren. Es dauert nur wenige Sekunden, bis wir sehen können, dass sein Sperma aus ihr heraustropft. Sie ist sehr gut gefüllt und lässt es laufen, während wir beide die Finger unserer Partner zwischen der Scham fühlen.

Ich feiere es jetzt schon, hier zu sein und dieses schöne Schauspiel gesehen zu haben, nehme aber nach wenigen Minuten Ricks Hände von mir, um ihm zu zeigen, dass er aufhören kann.

Er folgt meiner Aufforderung willig. Ich drehe mich zu ihm um. Er lächelt mich an. Um ihm für seinen Einsatz zu danken, gebe ich ihm einen leidenschaftlichen Kuss. Er erwidert ihn.

»Geht es dir gut?«, möchte er fürsorglich wissen.

»Sehr gut! So kann es gern weitergehen«, sage ich strahlend.

Meine linke Hand, die auf seiner Brust liegt, lasse ich nach unten sinken und merke erst jetzt, dass er selbst noch in voller Erregung steht.

»Oh, tut mir leid, ich habe nur an mich selbst gedacht. Kann ich etwas für dich tun?«, biete ich ihm an.

Er schüttelt den Kopf. »Lass nur, wir haben ja mit unserer Tour gerade erst begonnen.« Mit einem Augenzwinkern steht er auf.

Ich tue es ihm gleich. Ein letzter Blick zurück auf das Pärchen, dann verlassen wir die kleine Kammer. Unsere beiden Vorzeigeliebhaber liegen ineinander verschlungen in dem gläsernen Raum und knutschen wie zwei Teenager.

Während Rick und ich den Bereich wechseln, um in die nächsthöhere Etage zu kommen, fühle ich, wie glitschig ich zwischen meinen Beinen bin. Obwohl ich gerade erst gekommen bin, sehne ich mich nach einem schönen harten Schwanz. Hoffentlich würde ich heute dazu noch eine Gelegenheit finden.

Eine Etage höher befindet sich die »BonusZone«.

»Wir haben als einziger Club ein Punktesystem eingeführt, mit dem man sich besondere Premiumleistungen erarbeiten kann«, erklärt Rick. »Selten finden Frauen gute Callboys, die exklusiv für sie da sind. Wir bieten das an, aber nicht jede

Kundin ist bereit, oder finanziell dazu in der Lage, diesen Service zu nutzen. Um das jeder Frau zu ermöglichen, besteht die Chance, verdiente Punkte dafür einzutauschen.«

Sehr interessante Idee. So konnte jeder wortwörtlich in den Genuss einer besonderen Stunde kommen, ohne sein Konto zu plündern. Solche Leistungen waren zu recht hochpreisig und wurden entweder gar nicht angeboten, oder zu völlig überzogenen Konditionen.

»Spann mich nicht auf die Folter, was müsste ich tun?«

»Für eine Stunde im Separee mit einem Callboy deiner Wahl, musst du dich selbst drei Stunden zur Verfügung stellen. Das Verhältnis ist immer drei zu eins, egal, was du tust. Zur Wahl stehen drei Modelle. Am besten verstehst du es, wenn wir live dabei sind.« Er nimmt mich bei der Hand.

Ich folgte ihm bereitwillig in den Zonenbereich, der aus einem langen dunklen Gang besteht. Zur Rechten gehen drei Türen ab, über den Eingängen sind Leuchtschilder angebracht. Ich erkenne die Worte »LeckStation«, »MasturbaStation«, »BlowJob«.

»Wichtig zu wissen: Hier findet kein Sex statt! Alle Angebote dienen zur Befriedigung der Männer. Die Damen sind nur hier, um zu dienen. Wenn sie bei ihrer Leistung Lust empfinden, ist das zwar schön, aber nicht relevant.«

Der erste Raum ist mit smaragdgrünen Fliesen ausgelegt und zeigt mehrere Liegen, auf denen sich alle Frauen breitbeinig präsentieren. An jeder Frau sind mindestens zwei Männer beschäftigt, teils sogar vier. Als ich überlege, was hier passiert, klärt Rick mich auf.

»Auch Männer erregt es, wenn sie eine gut schmeckende Fotze lecken dürfen. Oder wenn sie nie gestillt wurden und das Bedürfnis danach nun nachholen wollen«, sagt er grinsend. »Aufgrund der Hygiene und des Prinzips, wird hier nur auf den Boden ejakuliert. Wir machen regelmäßig und diskret jede Stunde sauber. Kein Mann soll eine Frau lecken, an der noch das Sperma des Vorgängers klebt.«

Ich verstehe, dass die Männer hier ihren Wunsch nach oraler Aktivität ausleben können. Jeder Mann ist entweder zwischen den Beinen oder an den Brüsten einer Frau beschäftigt und gleichzeitig am Wichsen. Sie finden es reizvoll, wenn sie eine Frau befriedigen dürfen und setzen ihre Zungen offensichtlich sehr gekonnt ein. Die Frauen haben die Aufgabe, sich anzubieten und dafür benutzen zu lassen. Die Grundidee finde ich wirklich gut, denn beide Seiten kommen so voll auf ihre Kosten.

Wir sehen uns das Treiben ein paar Minuten an, bevor Rick mich erneut mit seiner Hand auf dem Rücken zum nächsten Raum dirigiert.

Das nächste Zimmer ist auf den ersten Blick ähnlich gestaltet wie das vorherige, doch sitzen die Frauen hier meist aufrecht und sind eindeutig aktiver. Die Männer stehen um sie herum und starren darauf, was sie tun, während sie sich selbst einen runterholen. Auch hier wird selbst Hand angelegt, doch die Männer berühren die Frauen kaum. Manche haben zwar eine Hand auf einer Brust liegen, doch offensichtlich geht es hier um etwas anderes. Alle Frauen befriedigen sich selbst, die meisten haben die Augen geschlossen und zeigen den Männern, was es heißt, gut zu masturbieren. Bei einer Frau ist es gerade so weit, dass sie ihren Endpunkt erreicht. Drei Männer stehen direkt bei ihr, stöhnen mit ihr im Chor und warten auf ihren Orgasmus. Sie reizt ihre Klitoris mit einem winzigen Vibrator. Nur wenige Sekunden nachdem wir den Raum betreten haben, sehe ich zum ersten Mal eine Frau ejakulieren. Es tropft nicht einfach, sondern spritzt mit einer schönen Fontäne geradezu aus ihr heraus. Ein Mann, der auf Höhe ihres Oberkörpers steht, erreicht bei dem Anblick selbst seinen Höhepunkt und hält mit seinen Schwanz genau auf ihre Brüste zu. Während sie alles aus sich herauslässt, tut er das Gleiche und hinterlässt seinen heißen Inhalt mitten auf ihrem Busen. Als er leer ist, verteilt er seine Gabe fast zärtlich mit einer Hand auf ihrer Haut. Auch die anderen beiden Männer, die bei ihr stehen, entladen sich auf ihrem Körper.

Ich schaue zu Rick, nicke kurz und mache mich auf den Weg zum Ausgang. Ich verstehe, was hier passiert, doch mich macht es nicht besonders an. Körperbesamung ist eine klebrige Angelegenheit, die ich nicht favorisiere.

Im dritten Zimmer kommt der Klassiker: der Blowjob. Viele Kissen auf dem Boden erleichtern den teilnehmenden Frauen das Hocken auf den Knien, während sie ihren Dienst tun. Vereinzelt haben sich die Männer auch hingelegt und die Augen genussvoll geschlossen oder sitzen in bequemen Sesseln, um genau zu sehen, was mit ihnen passiert. Für mich als Frau nicht besonders aufregend, obwohl ich zugebe, dass ich ab und an gern einen schönen Schwanz lutsche. Auch hier befinden sich die jeweiligen Teilnehmer in vielen verschiedenen Stadien der Erregung. Manche haben gerade erst begonnen, andere stehen kurz davor, Erlösung zu finden.

Zum ersten Mal registriere ich eine neutrale Person, die in der Nähe des Eingangs steht und das Geschehen beobachtet. Es ist eine junge Frau mit einem Klemmbrett. Als sie meinen Blick auffängt, lächelt sie mich kurz an. Kurz danach widmet sie sich wieder ihrer Liste und schaut auf die Uhr.

»Das sind Beobachter, die notieren, welche Frau wie lange aktiv war, damit wir messen können, wann die Punktzahl erreicht ist«, erklärt mir Rick. »So haben wir den Nachweis, dass die Bonuspunkte ehrlich verdient wurden und wann die jeweilige geleistete Stunde vorbei ist.«

Ich nickte verstehend.

Nach der kleinen Begutachtung entscheide ich mich für den Test der »LeckStation«. Der Gedanke gefällt mir am besten und naiv denke ich mir, sich ausgiebig lecken zu lassen, könne ja schön sein. Also gehen wir zurück in den ersten Raum.

Ich suche mir einen freien Platz auf einer Liege, die der beim Frauenarzt ähnelt. Sie ist erstaunlich bequem. Ich lehne mich positiv gestimmt zurück und warte, was passiert.

Rick bleibt kein Zuschauer, sondern wird aktiv an mir. Fast schon gierig fühle ich seine Zungenspitze an meiner nassen Öffnung. Seine Hände ziehen meine Schamlippen weit auseinander und er probiert ausgiebig, wie ich schmecke. Ich entspanne mich, zucke aber zusammen, als ich merke, dass plötzlich jemand an meiner rechten Brustwarze saugt. Ich schaue auf und sehe einen durchtrainierten, jüngeren Mann mit blonden Locken, der sich freudig an mir zu schaffen macht.

Okay, das war Sinn dieses Raumes, erkläre ich mir selbst und schließe wieder die Augen. Es ist ein interessantes Gefühl, von zwei Männern gleichzeitig versorgt zu werden. Und bevor ich mich daran gewöhnen kann, fühle ich eine dritte Person an meiner linken Seite. Jeder hat seine eigene Art und Technik, und ich weiß gar nicht, auf welchen Bereich ich meine Konzentration lenken soll. Es ist geil, fordert mich aber zeitgleich auch heraus, da mein Körper in kurzer Zeit sehr viele Reize erhält. Zwischen meinen Beinen werde ich zärtlich, aber intensiv, geleckt. Meine rechte Brust wird mit einer Hand massiert und mit vielen, fast zu vorsichtigen Küssen versorgt, während meine linke Brust sehr fest gesaugt wird. Ich versuche, alle Gefühle in mir zu ordnen, meine Erregung unter Kontrolle zu halten, denn ich weiß, es sind sicher noch einige Minuten, die ich hier liegen soll. Ich höre, wie unter mir etwas klappert und bevor ich nachsehen oder verstehen kann, was passiert, fühle ich, wie jemand meine Pobacken spreizt und eine weitere

Zunge ihren Weg an meine Rosette findet. Ich hatte bisher nicht bemerkt, dass es die Möglichkeit gibt, sich unter mich zu legen ... Doch damit auch die Männer es bequem haben, macht es durchaus Sinn. Ich stöhne laut auf und weiß nicht, wohin mit meinen Händen, möchte mich irgendwo festkrallen, habe aber keinen Halt. Mein Mund steht weit offen und ich schnappe nach Luft, als ich fühle, wie eine Hand an meinen Hals fährt und meinen Kopf vorsichtig nach links dreht. Bevor ich Zeit habe, die Augen zu öffnen, fühle ich warme Lippen auf meinen und erhalte einen grandiosen Kuss. Ich kann nicht glauben, dass gerade fünf Männer gleichzeitig einen einzigen Körper oral befriedigen – und auch noch meinen! Es handelt sich nur noch um Sekunden, bis ich komme. Entfernt nehme ich die schmatzenden Geräusche wahr, die entstehen, weil die Männer mit Gleitgel an ihren Schwänzen beschäftigt sind. Ich drehe mein Kopf ruckartig nach rechts, weil ich Luft brauche und der küssende Täter mir diese nicht lässt. Er bleibt aber bei meinem Kopf stehen und ich höre, wie er sich kräftig rubbelt. Während mein Körper vor völliger Reizüberflutung seinem nächsten Orgasmus entgegenrollt, lässt der Mann an meiner linken Brust plötzlich von mir ab und stöhnt. Sein Stöhnen wird laut und weicht dann einem erschöpften Keuchen. Ich sehe aus dem Augenwinkel, dass er den letzten Tropfen aus sich herausgepresst hat. Er würdigt mich keines Blickes, sondern reibt genüsslich an seinem Penis weiter. Schlendernd geht er zur nächsten Liege, um sich an einer anderen Frau zu bedienen.

Der Mann, der mich geküsst hat, übernimmt den freien Platz bei meiner linken Brust und sorgt so dafür, dass ich nicht länger Zeit habe, mich auf etwas anderes zu konzentrieren, als auf mich selbst. Ich habe eine Zunge sowohl in meinem Anus als auch tief in meiner Scheide. Das allein hätte für eine Explosion gereicht, doch die beiden Kandidaten an meiner

Oberweite sorgen endgültig dafür, dass ich Sterne sehe. Ich kann nichts mehr zurückhalten, empfinde nur noch pure Geilheit. Die Lust schießt durch meinen Körper bis in die Fingerspitzen. Ich stöhnte und lache gleichzeitig, weil ich so erleichtert bin, gekommen zu sein und alles im selben Moment ein unbeschreibliches Gefühl ist.

Ricks Zunge leckt nun meine Perle, sodass der Saft, der aus mir herausläuft, nicht nur für ihn ist, sondern auch für den Mann darunter. Mein Saft ist das kostbarste Gut in diesem Raum, daher teilt er ihn brüderlich mit seinem Mitstreiter. Rick trinkt von mir. Den Rest leckt der andere Mann fein säuberlich auf.

Obwohl mein Orgasmus bereits erfolgt ist, machen alle vier Männer weiter, und mir wird bewusst, dass mein Orgasmus ihnen im Prinzip völlig egal ist. Rick hatte es mir vorher erklärt, doch erst jetzt verstehe ich die Bedeutung. Die Männer würden erst aufhören, wenn sie gekommen sind, denn aus diesem Grund sind sie hier.

Mich überfällt einen Moment lang Panik, denn das würde bedeuten, dass mein nächster Orgasmus nicht weit entfernt ist und der wird sicherlich noch gnadenloser zuschlagen als der letzte. Ich sehne mich immer mehr danach, ordentlich gevögelt zu werden, brauche etwas Hartes in mir. Doch stattdessen werde ich von außen weiter gereizt und kann nichts dagegen tun.

Rick steht auf und überlässt seinen Platz jemand anderem. Ich merke, dass der blonde Jüngling von rechts begeistert den Platz zwischen meinen Beinen übernimmt. Rick geht zu meinem Kopf und küsst mich. Ich sehe ihm in die Augen und dann auf seinen Schwanz, der sich genau auf Augenhöhe befindet. Er reibt sich seinen Schaft und es scheint nicht mehr lange zu dauern, bis er kommt. Ich öffne meinen Mund und drehe den Kopf in seine Richtung. Er lächelt und nimmt das Angebot von mir dankbar an. Sein Schwanz ist nicht besonders lang, aber hat einen beachtlichen Durchmesser und ein glänzendes Köpfchen. Rick legt ihn mir vorsichtig auf die Zunge und bewegt sich nicht. Ich schließe meinen Mund und stütze mich seitlich auf, um ihn genussvoll blasen zu können. Er gibt mir kein Tempo vor, sondern schaut einfach zu, was ich tue. Als ich vorsichtig mit meinen Zähnen an seiner Eichel entlangfahre, zieht er scharf die Luft ein. Ich setze meine Hände nicht ein, sondern lediglich Mund und Zunge, um ihn zu befriedigen – und es dauert nicht lange, bis ich den ersten Lusttropfen schmecke. Seine Hand liegt auf meiner Brust und er greift fest zu, als es aus ihm herausschießt. Er schmeckt fantastisch! Gierig lutsche ich alles, was er mir gibt. Abgelenkt von seinem Spritzen habe ich nicht bemerkt, dass auch die anderen Männer an mir ihrem Ziel näher gekommen sind. Meine linke Brust ist bereits wieder frei und der Mann von dort verschwunden. Auch der Typ unter mir hat sich inzwischen erleichtert und liegt leise stöhnend an seinem Platz. Der blondgelockte Adonis hockt noch immer zwischen meinen Beinen. Er ist gut, sogar sehr gut, und setzt nicht nur Lippen und Zunge, sondern auch seine Finger ein. Im gleichen Tempo wie er mich zum Höhepunkt treibt, befriedigt er sich selbst und schafft es, sich so lange zurückzuhalten, bis ich komme. Rick unterstützt ihn, indem er sich um meine Brustwarzen kümmert. Die Männer treiben mich in den Wahnsinn. Mein Körper versucht, den beiden zu entkommen, doch ich habe keine Chance. Ich explodiere! Schreie so laut wie nie zuvor in meinem Leben. Genau in dem Moment stöhnt auch der junge Mann heftig.

Erschöpft bleibe ich auf der Liege zurück. Irgendwann hört der Raum auf, sich zu drehen. Ich traue mich wieder, die Augen zu öffnen und setze mich aufrecht hin. Langsam stehe ich auf und gehe in Richtung der Duschen, die in einer Ecke des

Raumes angebracht sind. Rick begleitet mich und wir seifen uns gegenseitig ausgiebig ein.

Trotz leichter Erschöpfung bin ich weiterhin wissbegierig, was dieses Gebäude noch zu bieten hat. Außerdem habe ich immer noch Lust auf einen richtigen Schwanz.

Im dritten Stock wird mir das »VergnügungsGelände« präsentiert. Offensichtlich werden hier alle Neuheiten aus dem Bereich Technik getestet, denn ich sehe auf den ersten Blick viel Spielzeug: größere Maschinen, Liebesschaukeln, die von der Decke hängen, und lebensechte Puppen.

Ich bewundere die angebotene Vielfalt und notiere mir im Hinterkopf, das lobend in meinem Bericht zu erwähnen. Berufsbedingt bin ich offen für Neues, doch für diese Extravaganz fehlt mir heute die Energie. Ich drehe mich zu Rick um.

Als sich unsere Blicke treffen, lächelt er und winkt mich zu sich.

»Gibt es hier etwas, was du gern testen möchtest?«, fragt er.

»Nein, heute möchte ich nur noch etwas Entspannendes tun.«

»Dann sind wir auf der nächsten und damit auch letzten Etage an der richtigen Stelle.«

Auf der obersten Etage unter dem Dach gibt es den »ErholungsSektor«.

»Hier werden Massagen angeboten. Es gibt Whirlpools, Liegeflächen, Kuschelhöhlen, ruhige Musik. Im Prinzip alles, was du zur Erholung brauchst«, sagt Rick mit einem Lächeln.

»Oh, wie wundervoll!«, sage ich und betrete den Raum.

Es ist ruhig und gibt keine Schreie, keine klatschenden Geräusche, niemanden, der versucht, hektisch noch einen letzten Orgasmus zu erreichen.

Rick und ich setzen uns an eine kleine Bar, wo ich mir einen Caipirinha kommen lasse und die Gelegenheit nutze,

Rick für seine Führung zu danken.

»Es war mir eine Freude!«, sagt er. »So intensiv betreue ich nicht jeden neuen Gast. Gibt es etwas, was ich heute noch für dich tun kann?«

Ich sehe mich um. Überall schlafen Leute oder kuscheln mit jemandem. Ich wende mich wieder Rick zu und sage: »Das kannst du allerdings. Mein Körper ist nicht endgültig zufrieden und braucht noch einen schönen ruhigen Quickie. Damit wäre ich innerlich vollständig ausgefüllt. Würdest du dich dafür zur Verfügung stellen?«

»Es wird mir eine Ehre sein, dich abschließend so zu beglücken, dass du nicht anders kannst, als wieder herzukommen.«

Ich lehne mich lächelnd zurück und wir trinken in Ruhe unsere Cocktails aus.

»Wo möchtest du es denn gern tun?«, fragt mich Rick.

Ich grinse. »In einem dieser Whirlpools, wenn du nichts dagegen hast.«

»Ganz im Gegenteil. Die Massagedüsen sitzen an sehr interessanten Stellen und unterstützen meine Arbeit.«

Das Gelände ist so groß, dass man anderen nicht in die Quere kommt. Daher finden wir eine etwas abgetrennte Ecke und einen kleinen Pool nur für uns. Wir legen die wenige Kleidung ab und lassen uns in das heiße Wasser gleiten. Rick setzt sich und zieht mich direkt auf seinen Schoß. Er hält mich fest. Wir küssen uns langsam und ausgiebig. Währenddessen fühle ich seine Hände an meinen Brüsten und stelle erneut fest, wie geschickt dieser Mann doch ist. Meine Bereitschaft, mich vögeln zu lassen, hat, seit ich als Leckobjekt gedient habe, nicht abgenommen. Daher dauert es nicht lange, bis meine Schamlippen erneut anschwellen. Mein Atem geht schneller.

Rick wechselt von meinem Mund zu meinen Brustwarzen, um daran hingebungsvoll zu saugen. Ich biege meinen Rücken durch und kralle mich an seinen Schultern fest. Plötzlich steht er auf und setzt mich an einer bestimmten Stelle im Pool ab. Er nimmt seine rechte Hand an meinen bereits gierig wartenden Eingang, doch anstatt mich zu stimulieren, positioniert er mich über einer Massagedüse und fühlt, ob sie mich vollständig berührt. Nachdem er den richtigen Punkt gefunden hat, verschwindet seine Hand und er hockt sich vor mich, um mich zu küssen. Er kippt mein Becken nach vorn und der Wasserdruck erreicht genau die richtige Stelle. Es ist absolut perfekt, denn es heizt mich auf, ohne mich zu überfordern.

Er massiert meine Brüste, küsst mich und überlässt meine Vagina dem sprudelnden Wasser. Als ich zu stöhnen anfange, drückt er meinen Oberkörper an den Rand. Endlich ist meine Erlösung nahe. Er presst seinen hart erigierten Schwanz an mich und ich kralle mich mit einer Hand fest in seinen strammen Po, um ihm zu zeigen, dass ich genau das jetzt will und brauche. Er dringt vollendet in mich ein. Um uns herum herrscht Stille und ich bemühe mich, die erholsame Ruhe nicht zu stören, indem ich meinen erlösenden Schrei unterdrücke.

Rick hat keine Eile. Er füllt mich mit aller Muße, als wenn er genau weiß, wie ich es brauche. Es ist auf den Punkt. Von daher dauert es nicht lange, bis ich endlich komme. Ich biege mich ihm entgegen. Um im entscheidenden Moment einen Schrei zu unterdrücken, verpasse ich ihm einen ordentlichen Knutschfleck am Hals. Er greift fest in meinen Rücken, um mir klarzumachen, dass es schmerzt, doch ich bin sicher, dass er mir das verzeihen wird.

Er hält mich weiter in seinen Armen fest. Erst als meine Erregung abklingt, spüre ich, dass auch er gekommen sein muss, denn sein Glied erschlafft in mir. Er lässt es langsam hinausgleiten und gibt mir einen Kuss.

Nachdem wir unsere Höhepunkte im Wasser noch ein wenig

ausklingen ließen, gehen wir zur Umkleidekabine.

Beim Eingangstresen treffe ich Rick wieder und frage: »Bist du eigentlich regelmäßig hier?«

»Ich gehöre zu den bezahlbaren Callboys, die du dir das nächste Mal erarbeiten kannst«, sagt er zwinkernd.

Aha, daher also sein wertvolles Wissen, wie er eine Frau befriedigt. Aus meinem Lächeln, das ich bei meiner Ankunft trug, ist ein breites Grinsen geworden.

Was für ein geiler Turm! Die Betreiber haben sich wirklich Gedanken über ihr Angebot gemacht. Es ist sicher nicht mein letzter Besuch. Allerdings werde ich in Zukunft mit einem weniger prüfenden Blick hier sein.

Die Bewertung, die ich abgebe, wird sehr positiv ausfallen. Hoffentlich würde es dann hier nicht zu voll werden. Ich überlege kurz, meinen Bericht etwas abzuschwächen, um den Club als Geheimtipp halten zu können. Doch das wäre gegenüber den Betreibern, die sich so viele Mühe gemacht haben, nicht fair. Sie sollen einen guten Umsatz haben und für ihre Idee auch belohnt werden. Zudem gönne ich jedem das Erlebnis, hier vollständig befriedigt zu werden.

Als ich meinen Motor starte, mache ich mir bereits Gedanken, welches Spielzeug ich aus dem Vergnügungsbereich das nächste Mal testen werde ...

Wunsch & Verlangen

Es ist Sonntag. Die Sonne geht gerade auf und ich kann die ersten Sonnenstrahlen entdecken, die sich durch meine Fenster mogeln. Genüsslich liege ich im Bett und drehe mich noch mal um. Keine Termine, niemand, der heute Forderungen stellt, Nichtstun ist angesagt. Ich träume vor mich hin und schweife mit den Gedanken ab. Wie perfekt wäre es jetzt, neben einem Mann liegen zu können, der Wärme ausstrahlt und mich in den

Arm nimmt. Wohliges Kuscheln miteinander und mit einem Lächeln im Gesicht den anderen fühlen. Leider meldet sich bereits nach kurzer Zeit mein Magen. Der Hunger treibt mich aus dem Bett. Etwas unmotiviert stehe ich auf, eine Dusche hilft sicher, wach zu werden.

Nach dem Frühstück bin ich noch immer nicht wirklich fit, will aber auch nicht den ganzen Tag nur gammeln. Ein Blick nach draußen zeigt, dass die Sonne verschwunden ist und graue Wolken samt Nieselregen sich Platz geschaffen haben, kein guter Moment für einen Spaziergang.

Ich entscheide mich, zu putzen, und möchte in der Küche mit dem Hängeschrank beginnen. Es ist eine lästige Arbeit, aber trotzdem bin ich hinterher froh über das Ergebnis.

Konsequent arbeite ich mich durch die Vorräte, Geschirr und Gläser.

Ganz hinten in einem der Schränke kommt eine staubige Flasche zum Vorschein. Sie besteht aus einem wundervollen blauen Glas, ist kugelförmig und hat einen kurzen Hals. Der obere Teil des Korkens ist in der Form eines Sterns geschnitzt. Ich kann mich nicht erinnern, sie vorher schon mal gesehen zu haben, und hole sie interessiert nach vorn. Einen Inhalt kann ich nicht ausmachen, lediglich eine zarte Schrift an der Seite. Ich drehe das gute Stück und versuche die Zeichen zu erkennen.

رغبة

Es ist ein arabisches Wort, das so klein graviert ist, dass man es kaum entziffern kann. Selbst bei kurzer Distanz scheint es nicht klar zu werden. Kurzentschlossen nehme ich einen Schwamm und beginne zu schrubben. Meine Neugier ist geweckt. Was genau ist hier drin? Ich bin wohl zu übermütig, denn die Flasche fällt mir aus der Hand. Erschrocken versuche ich, sie aufzufangen, doch ich fange sie nicht. Bevor sie allerdings auf dem Boden aufkommt, beginnt sie sich plötzlich zu drehen, in der Luft – von ganz allein!

Verwirrt mache einen Schritt zurück. Im Inneren der Flasche beginnt es zu leuchten, das Glas färbt sich dunkler, es bildet sich blauer Rauch. Ein fieses Zischen beginnt und der Korken fliegt unter hohem Druck durch die Küche. Instinktiv ducke ich mich. Rauch wabert langsam hinaus. Vor mir formt sich eine Art Nebel. Wie in einer Schockstarre bewege ich mich keinen Zentimeter. Es ist unwirklich, als wäre ich in einem Film.

Die Flaschenöffnung zeigt nun klar nach oben. Es dreht sich nichts mehr, lediglich der Nebel rotiert darüber und beginnt, Gestalt anzunehmen. Es mag nur wenige Sekunden dauern – mein Zeitgefühl arbeitet völlig unzuverlässig –, da erscheint vor mir ein Mann mit Turban, besser gesagt, der Oberkörper davon. Ab der Gürtellinie sehe ich nur Nebel, der in der Flasche verschwindet. Das Zischen hört auf und ich fixiere das, was vor mir ist. Bevor ich ansatzweise begreifen kann, was hier passiert, öffnet mein Gegenüber plötzlich die Augen. Es lebt!

»Hallo, ich bin Alim der Weise und stehe Euch zu Diensten«, sagt der Mann. Seine Stimme ist zart und dunkel zugleich.

Ich fange hysterisch an zu kreischen und stolpere nach hinten, falle und krabble rückwärts über die Fliesen. Diese fremde Kreatur immer im Blick.

Er schaut mich nur an, bewegt sich aber kein Stück. Keuchend bleibe ich an der Wand im Flur sitzen, kann ihn genau sehen. Minutenlang passiert nichts. Er leuchtet in meiner Küche. Ich sitze zitternd am Boden. Irgendwann holt mich mein Verstand zurück. Wenn dieses Ding mich angreifen wollte, dann würde es nicht in aller Ruhe dort warten, sondern hätte es längst getan.

Tief durchatmen, sage ich zu mir selbst, *denk nach und bleib logisch*. Ich reibe mir die Augen und kneife mich in den Arm. Danach ist es immer noch da. Ich nehme einen Schuh und werfe ihn in die Küche. Er fliegt sauber durch die Erscheinung hindurch und zieht einen Schweif des Nebels nach sich. Es ist also wirklich da, ich bilde mir das nicht ein!

Das Gesicht schaut mich nun direkt an und wirft einen Blick auf den Schuh hinter sich. Alim, der Geist, dreht den Kopf zu zu mir und seine rechte Augenbraue hebt sich, als wenn er fragen wollte, was der Unsinn soll. Seine Arme sind verschränkt und mit unzähligen goldenen Armreifen und Spangen geschmückt. Er trägt eine goldene Weste aus altem Brokatstoff. Da er bisher keinerlei Anstalten macht, sich mir zu nähern, werde ich mutiger. Allerdings bin ich nicht besonders einfallsreich, denn meine erste Ansprache lautet: »Hallo?«

Er senkt seinen Kopf und packt sich an die Stirn. Ich habe den Eindruck, er ist leicht genervt oder sogar irgendwie enttäuscht von meiner Reaktion.

Da er aber nichts sagt, wiederhole ich lauter: »HALLO?«

Nun kommt Leben in ihn und er funkelt mich ärgerlich an. »JA! Ich kann dich hören. Ich bin zwar alt, aber nicht schwerhörig. Komm mal aus deiner Ecke da raus und erklär mir, welches Jahr wir haben.«

»Äh, wir haben 2017«, antworte ich eingeschüchtert.

»Wow, dann war es lange diesmal. Und natürlich bekomme ich wieder eine völlig Hysterische ... war ja klar!« Alim lässt einen tiefen Seufzer hören und sagt: »Okay, dann bringen wir es mal hinter uns. Besonders spannend wird es mit dir sicher nicht ... Also, ich bin ein sinnlicher Dschinn. Du hast drei Wünsche frei. Allerdings sind diese auf rein erotischer Basis, verknüpft mit Freiheit. Einmal ausgesprochen, gibt es kein Zurück. Daher formuliere nach ›Ich wünsche ...‹ deinen Wunsch genau. Es gibt keinen Austausch oder Rückgaberecht nach Paragraf zwei des Flaschengeistgesetzes. Irgendwelche Fragen?«

Erst bin ich sprachlos, dann muss ich lachen. So ein Unsinn! Ein Dschinn! In meiner Küche! »Okay, wo ist die versteckte

Kamera?«, frage ich lachend. »Bist du eine Art Hologramm? Stehst du in der Nachbarwohnung und wirst hierher projiziert?« Ich lache wieder. Zugegeben, meine Reaktion auf seine Information ist nicht besonders höflich.

»Nein, so etwas liegt mir fern. Ich habe auch noch andere Hobbys, bin aber durch eine lang vergessene Vereinbarung dazu verpflichtet, dir zu dienen. Also, würdest du bitte deine Wünsche vortragen, damit ich wieder in meine Flasche kann!«, sagt Alim jetzt leicht genervt.

Ich bin verunsichert, trotzdem noch skeptisch. »Äh, was genau kann ich mir denn von dir wünschen? Es klingt nicht so, als wärst du ein klassischer Dschinn.«

»Korrekt. Ich bin ein sinnlicher Geist. Das bedeutet, ich erfülle dir ausschließlich *erotische* Anfragen. Hier aber jede erdenkliche Variante.«

»Und was war das mit der Freiheit?«

»*Meine* Freiheit. Du könntest mich freiwünschen. Es macht niemand, aber ich erwähne es trotzdem jedes Mal. Vielleicht findet sich doch mal jemand, der Mitleid mit mir hat.«

»Du bist darin gefangen?« Ich zeige auf seine Flasche. Irgendwie berührt mich diese Vorstellung unangenehm.

»Richtig, es sollten nun 3.842 Jahre sein, und vermutlich werden es noch viel mehr.«

Schweigend betrachtete ich ihn und langsam kehrt mein Mut zurück. Ich stehe auf und gehe näher an Alim heran. Ich sage nichts, sondern betrachtete nur seine Gestalt und nehme den süßlichen Duft von ihm und Safran wahr. Vorsichtig berühre ich den Nebel, der ihn umgibt. Er ist warm, aber nicht greifbar.

Ruhig schaut er zu, was ich tue, und lässt mir die Zeit, seine Existenz zu verstehen.

»Du bist wirklich hier. Das ist echt«, murmle ich ehrfürchtig.

»Schön, dass wir uns in dem Punkt einig sind.«

»Wieso bist du hier?«

»Ich werde dorthin geschickt, wo ich gebraucht werde. Das entscheidet das Komitee. Wenn es Zeit ist, gefunden zu werden, platziert man mich am richtigen Ort.«

»Das Komitee ...?«

»Nein, frag nicht. Denk lieber über deine Wünsche nach«, unterbricht Alim streng.

Ich wandere in Richtung Wohnzimmer und beginne zu grübeln. Erotische Wünsche ... Habe ich überhaupt welche und wenn ja, welcher Art? Ohne es direkt zu merken, folgt Alim mir schwebend. Ich setze mich auf das Sofa und denke nach. Was will ich erleben, wovon träume ich? Wie soll ich so spontan etwas finden, das mich reizt?

»Wieso wurdest du zu mir geschickt? Gibt es Gründe, dass du hier bist?«, will ich wissen.

»Sicher gibt einen Grund, aber der ist mir nicht bekannt. Ich weiß nur, dass ich hier sein soll.« Er schwebt langsam weiter durch den Raum und sieht sich um. Am großen Balkonfenster blieb er hängen und sieht nach draußen. »Welche Jahreszeit ist gerade?«, will er wissen.

»Herbst, und er hat gerade begonnen«, sage ich.

Schweigend schaut er in die Ferne und wartet.

Ich bemühe mich, meine Konzentration auf die Wünsche zu lenken. Was kann ich ohne ihn nicht erreichen? Einen Dreier oder auch andere Klassiker sind umsetzbar, dafür brauche ich keine Hilfe. Dann fällt mir eine romantische Szene aus meinem Lieblingsfilm ein, wo der Held mutig gekämpft hat, um seine Angebetete zu retten und blutig zerkratzt mit ihr an einem Strand lag. Es war das Ende des Films und nur angedeutet, was passieren würde, weil die Kamera dann abschwenkte. Doch mit diesem Mann an einem tollen Strand, diesen Moment wirklich erleben ... Ob das möglich ist?

Schnell starte ich den Fernseher, schalte den DVD-Player ein und suche die Stelle, die ich meine.

Alim rückt interessiert näher und schaut auf den Bildschirm.

Dort rennt der Hauptdarsteller gerade um sein Leben und will die geliebte Frau aus den Fängen der Entführer reißen.

»Da, ich will genau diesen Kerl. Er soll mich so ansehen, wie er sie ansieht. Es ist mir egal, ob er es ernst meint oder schauspielert, aber er muss es durchziehen. Alles, was man im Film nicht mehr sieht und was sich im Kopf einer jeden Frau abspielt, die diesen Film sieht«, erkläre ich strahlend.

»Der schlecht trainierte Typ da links im Bild?«, fragt er argwöhnisch.

»Genau der! Der ist heiß ...«, schwärme ich.

»Hmm«, brummt er skeptisch. »Wie genau lautet also dein Wunsch?«

Schnell überlegte ich die korrekte Formulierung, damit bloß nichts schiefgeht. »Ich wünsche mir, diese Sexszene aus dem Film ›Lebendiges Paradies‹ mit genau diesem Schauspieler live zu erleben«, trage ich ihm vor.

Alim schnipst an beiden Händen mit den Fingern und ich stehe plötzlich am Strand. Warmer Wind berührt meine Haut, tropische Vögel singen in den Palmen über mir, sanfte Wellen kommen auf mich zu. »Willkommen auf Bijoutier, einer unbewohnten Insel im Saint-François-Atoll der Seychellen«, höre ich Alin sagen.

Ich blicke an mir herab und finde mich mit einem Bikini bekleidet wieder, genau demselben, den die Protagonistin im Film trägt. Bevor ich glauben kann, was hier passiert, sehe ich in einiger Entfernung jemanden auf mich zulaufen. Er rennt, reißt begeistert die Augen auf und als er mich sieht, ruft er laut meinen Namen. Es ist tatsächlich Carlos Rassun, der Schauspieler aus dem Film, nur real! Keuchend, übersät mit blutigen Schrammen und zerrissenem Shirt, kommt er bei mir an und presst mich in seine Arme.

»Du lebst«, ruft er erleichtert. »Ich dachte schon, sie hätten dich umgebracht. Endlich sind wir wieder vereint, nun für immer.«

Plötzlich finde ich diesen Satz unheimlich lächerlich, obwohl ich ihn hunderte Male im Film voller Leidenschaft mitgesprochen habe.

Carlos macht einen Schritt zurück, strahlt mich an und küsst mich. Natürlich wusste ich das, denn in der Szene war es genauso. Trotzdem bin ich erstaunt, dass es wirklich passiert. Ich stehe an einem tropischen Strand, vor mir ein waschechter Hollywood-Schauspieler, der bereits zum *Sexiest Man Alive* gekürt wurde. Ich kann ihn anfassen, küssen und noch viel schmutzigere Dinge tun – er wird sich nicht wehren. Wir sinken zu Boden und wälzen uns knutschend im Sand.

Plötzlich höre ich aus der Ferne ein lautes »Cut« und Carlos lässt mich los.

Ich schaue mich panisch um, kann aber außer uns niemanden entdecken. Mein Angebeteter steht auf, fegt sich mit den Händen den Sand vom Körper und macht Anstalten, mich zu verlassen. So war der Wunsch aber nicht geplant!

Verärgert rufe ich: »Hey, Alim! Was passiert hier? Wieso macht er nicht weiter?«

Doch Alim ist nicht da.

Stattdessen schaut mich Carlos verwirrt an. »Wovon sprichst du? Was meinst du mit ›weiter‹? Die Szene ist doch zu Ende.«

Anscheinend habe ich den Wunsch nicht eindeutig genug formuliert. Jetzt ist schnelles Handeln gefragt.

»Wir müssen die Szene improvisieren. Der Regisseur sagte, wir brauchen noch Material für die DVD-Produktion. Zusätzliche Szenen für die Fans ... Du weißt schon ...« Säuselnd rekle ich mich im Sand und schaue ihn dabei lüstern an. Jetzt oder nie! Die Gelegenheit, diesen Mann zu verführen, bekomme ich ganz sicher nie wieder.

Carlos steht neben mir und blickt ungeniert auf meine Brüste, die vom knappen Bikinioberteil formschön aneinandergepresst werden. Offensichtlich hat er schon schlimmere Dinge getan und lässt sich zügig wieder neben mich gleiten.

»Okay, dann lass uns dem Publikum mal etwas bieten«, stimmt er zu und knetet grierig meinen Busen mit seinen riesigen Händen. Voller Leidenschaft küsst er mich. Ich spüre, dass er sich permanent zu einer bestimmten Seite dreht, so, als wenn er sich gut im Bild präsentieren muss. Dabei existiert die Kamera hier nicht, schließlich sind wir in meinem Wunsch und nicht auf dem Filmset. Ich packe seine Schultern und ziehe ihn über mich. Mein Becken drücke ich deutlich nach oben, damit er weiß, wo hier die Prioritäten liegen. Zum Glück sind Männer simpel gestrickt und somit offen für weibliche Verlockungen. Carlos antwortet mir, indem er seine Hüften gegen mich presst und ich merke, dass seine Bereitschaft für mich bereits sehr groß ist. Ich massiere seinen Rücken und wandere nach unten zu seinen strammen Pobacken. Mit festem Griff zeige ich ihm, wo es langgeht. Er wehrt sich nicht. Seine rechte Hand wandert zu meinem Tanga und zieht am seitlichen Bändchen. Ein gezieltes Ziehen auch an der linken Seite und mein Unterleib liegt frei zugänglich unter ihm. Professionell und zügig befreit er sich selbst von seiner Shorts und reibt seinen Penis an meiner Klitoris. Genüsslich schließe ich die Augen und lausche seinem Stöhnen, während die Wellen an den Strand plätschern. Der Sand unter mir bildet eine Kuhle, die sich perfekt meinem Körper anpasst und die Wärme der Sonne gespeichert hat. Die kleinen Körner mahlen sich in meine Haut und ich kann nicht anders, als wohlig zu seufzen. Er ist mehr auf sich selbst konzentriert als auf mich, aber aufgrund der grandiosen Kulisse um uns herum, und der Tatsache, wer er ist, nehme ich das in Kauf. Er lässt mich nicht lange warten und dringt vollendet in mich ein. Seine Augen sind geschlossen und sein Kopf fällt in den Nacken. Der muskulöse Körper, den ich schon so lange aus der Ferne begehrt habe, fühlt sich hart an. Ich streiche über seine Brust und die Arme, möglichst viel will ich von ihm berührt haben, bevor es zu Ende ist. Seine Stöße sind stechend und präzise, wie eine menschliche Nähmaschine arbeitet er schnell seinem Ziel entgegen. Allein die Tatsache, dass er mich wirklich nimmt, macht mich so scharf, dass mein Innenleben sämtliche Energie zwischen meine Beine leitet. Meine Vagina beginnt bereits zu zucken und ich merke, dass ich eher einen Orgasmus bekommen werde als er. Vergessen habe ich den Ort, an dem wir sind – nur wir beide sind wichtig und das, was wir miteinander tun. Sein Keuchen über mir heizt mich an und auch ich stöhne inzwischen lauter. Er hat sich auf seine Arme gestützt und ich spüre, wie sie zu zittern beginnen. Seine ganze Kraft liegt nun in seinem Schwanz. Jeden Moment wird er mich mit seiner wertvollen Flüssigkeit füllen. Allein der Gedanke, dass ich gerade wirklich mit Carlos Rassun Sex habe, löst meinen Höhepunkt aus. Dankbar sammelt sich die Flüssigkeit in mir und zeigt ihm, wie geil ich ihn finde.

Er fühlt wohl meine Begeisterung und nur wenige Sekunden später lässt er sich mit einem Schrei, der auch von einem großen Hirsch hätte sein können, mit dem ganzen Gewicht auf mich fallen und beendet seinen Einsatz.

Bevor ich reagieren kann, beginnt sich die Welt um mich herum zu drehen. Ein leises *Plopp* ertönt in meinem Kopf und ich fühle, wie mein Körper sich bewegt.

Etwas außer Atem, doch voller Euphorie, liege ich wieder auf meinem heimischen Sofa. Immer noch spüre ich den Sand unter mir, obwohl dort nur Polster sind. Langsam finde ich zurück in die Realität und grinse breit.

»Und, war er gut?«, will Alim von mir wissen.

Ich muss überlegen und resümiere dann: »Also sexuell gesehen, war es jetzt nichts Besonderes, es war mehr die Tatsache, dass es genau *dieser* Mann war und eben *dieser* Moment aus dem Film. So oft habe ich geträumt, ich wäre dort, und nun ist genau *das* geschehen. Absolut unfassbar! Aber du hast mich reingelegt mit dem Wunsch!«

»Wieso? Du hast dir Sexszenen gewünscht, die im Film nicht passieren ... So etwas ist ja nun nicht mein Fehler!«

»Du hast genau gewusst, was ich will, aber es nicht so umgesetzt. Ich musste erst nachhelfen, sonst wäre er aufgestanden und gegangen.«

»Am Ende hast du bekommen, was du wolltest. Ich darf dezent um den nächsten Wunsch bitten. Hatte ich die Wunschfrist von zwölf Stunden schon erwähnt?«

»Nein, hast du nicht«, grummle ich.

»Dann bist du nun informiert.«

Nicht nur, dass ich einen Geist in meiner Wohnung habe, er hat auch noch Forderungen und verlangt schnelles Denken. Kurz überlege ich, frech zu werden und mit ihm über sein Verhalten zu diskutieren. Doch ich könnte nichts dabei gewinnen, vielleicht löst er sich dann in Rauch auf, bevor ich noch einen Wunsch äußern kann. Dabei möchte ich noch etwas eigentlich Unmögliches haben, es soll fantastisch und einmalig sein. In mir lodert dank Carlos eine kleine Flamme, die gern höher flackern möchte. Also bemühe ich mich um Kreativität. Ich stehe auf und gehe langsam durch den Raum. Meine Fantasie liefert alle möglichen Dinge. Das Meiste verwerfe ich schnell, denn ich will nicht wissen, ob es die Hölle und den verführerischen Teufel wirklich gibt. Ebenso wenig den Himmel, wobei mir genau dabei der Einfall in den Sinn kommt.

»Ich möchte auf Wolke sieben!«

»Bitte wie? Seit wann sind die denn nummeriert?«, fragt Alim verwirrt.

»Nein, ich meine, ich will auf eine Wolke und dort mit einem tollen Kerl, der mich verwöhnt, unbeobachtet sein, mit einem Kerl, den es nicht stört, dass ich beim Akt den Himmel betrachte, statt ihn.«

»Einfallsreich bist du, das muss ich dir lassen«, lobt Alim mich. »Gut, bitte ordentlich formulieren.«

»Ich wünsche mir Sex auf einer Wolke, die mich trägt, zusammen mit einem grandios gut aussehenden Liebhaber, der keine Forderungen stellt und mich ordentlich verwöhnt.«

Er schnipst erneut mit den Fingern.

Ich bin oben, so richtig weit oben, umgeben von Wolken. In der Ferne ragt eine Bergspitze hindurch. Ich schaue nach unten, kann also durch die weiße, bauschige Naturwatte hindurchsehen, und entdecke weitere Berge, steinigen Untergrund und große grüne Flächen. Kurz bekomme ich Panik. Schließlich stehe ich einfach in der Luft.

Doch dann bemerke ich Alim neben mir und atme erleichtert auf. Nun weiß ich, dass es wirklich passiert. Sollte das hier alles nur ein Traum sein, dann ist es ein wirklich guter!

Auf der Nachbarwolke steht ein nackter Mann. Ein absolut perfektes Bild von einem Kerl, so, wie die Marmorstatuen von italienischen Bildhauern, wenn sie Götter darstellen. Nur dieser ist echt – zumindest für die Zeit, die mein Wunsch dauert.

»Sein Name ist Raffael ...«, sagt Alim.

Ich winke ab. »Ach, wen interessiert das!«, sage ich und steige zu dem wartenden Adonis hinüber. Ist das großartig!

Er lächelt und öffnet seine Arme für mich. Kaum bin ich bei ihm, zieht er mich an sich und versinkt mit seiner Zunge in meinem bereitwilligen Mund. Seine warme Haut berührt meine, denn praktischerweise bin auch ich bereits im Evakostüm. Nichts ist zwischen uns, außer feiner Luft, die um uns herumspielt und mich kitzelt. Raffael streichelt zärtlich meinen Rücken und küsst meinen Hals. Ich strahle ihn an. Er lächelt zurück und trägt mich zur Mitte unserer Wolke, wo er mich langsam hinunterlässt.

Ich liege auf warm umschmeichelnder Watte. Der ganze Untergrund hebt und senkt sich langsam, als würde die Wolke atmen, zwischendrin schwingt es auch leicht seitlich wie bei einer Hängematte. Wie zum Schutz werden wir beide in eine Kuhle abgesenkt und es bildet sich ein Wall um uns herum, der sich permanent bewegt. Mein Traummann ergreift die Initiative und erobert meinen Körper wie neues Land. In aller Ruhe wandert er meinen Körper herab bis zu den Füßen und wieder bis zu meiner Mitte. Er berührt, streichelt, küsst und verwöhnt mich ausgiebig. Wohlig in meiner Wolkenmulde liegend, tue ich nichts. Als er meine Perle erreicht, kann ich nicht anders, als mit offenem Mund zu stöhnen. Er hat Talent. Er lässt sich Zeit und macht zu keinem Zeitpunkt den Eindruck, etwas für sich selbst zu wollen. Ich erlebe das Gegenteil von meinem ersten Wunsch und spiele diesmal die Hauptrolle.

Raffael setzt seine Lippen fein saugend ein und leckt mich sanft einem besonderen Moment entgegen. Er fühlt, wann ich kurz vor meinem Höhepunkt stehe, und sein Mund verlässt meine Scham Sekunden vorher. Erst bin ich enttäuscht, doch dann sehe ich ihn über mir und freue mich auf das, was kommen wird. Vorsichtig, als wäre es mein erstes Mal, lässt er mich seine Spitze fühlen und wartet, dass ich ihn willkommen heiße. Ich küsse ihn mit aller Leidenschaft und öffne genau in dem für mich perfekten Augenblick meine Beine etwas weiter für ihn. Es ist unbeschreiblich, diesen vollendet geformten Schwanz in mir zu spüren, während ich von Wolkenmasse umgeben bin.

Ich fühle mich beschützt, geliebt und begehrt. Hier geht es nicht um den Akt an sich, sondern darum, miteinander hier zu sein, es zu erleben. Mein Orgasmus ist wirklich gut und ich freue mich, als auch er in mir kommt. Doch noch wichtiger ist die Tatsache, dass ich genau weiß, wo ich bin und dass dieser wundervolle Mann bedingungslos für mich da ist.

Während wir ineinander verschlungen ruhen, fühle ich, wie sich wieder alles auflöst. Schnell küsse ich Raffael ein letztes Mal, bevor ich wieder zurück auf meinem Sofa bin. Es tut mir viel mehr leid, als bei der ersten Rückkehr.

»Diesmal frage ich nicht, wie es war, hab es ja gesehen«, höre ich meinen persönlichen Wunscherfüller sagen.

Mir rutscht ein dezentes »Spanner!« heraus.

»Hey, ich hab lange nichts mehr in der Art gesehen, hab Verständnis! Auch in mir schlummert nur ein Mann.«

Ich muss grinsen und drehe meinen Kopf in seine Richtung. Mir wird plötzlich wieder bewusst, dass er seinen Job macht – einen unbezahlten, und vor allem, ewig andauernden Job.

Mein Glücksgefühl schwindet bei dieser Erkenntnis. Ich erinnere ich mich, was er anfangs sagte: Ich könnte ihn davon befreien ... Vielleicht ist seine Zeit als Diener vorbei und nun meine Aufgabe, sie zu beenden. Bevor er etwas sagen kann, spreche ich aus, was aus meiner Sicht das einzig Richtige ist: »Ich wünsche dir die Freiheit!«

Alims Augen weiten sich panisch. Es beginnt zu knistern. Alles funkelt um ihn herum. Kleine blitzende Sterne erscheinen in der Luft und melden sich mit feiner Stimme. Ein Gesang wie aus einer fernen, längst vergessenen Welt ertönt. Der Rauch, der bisher seinen Unterkörper gebildet hat, gestaltet sich neu und füllt sich mit etwas Lebendigem. Vor mir steht nun ein Mann aus Fleisch und Blut. Seine Flasche kracht zu Boden und zerfällt in unzählige Scherben.

Ich stehe auf und betrachte ihn vollständig. Diesmal aber nicht mehr ängstlich, sondern voller Freude.

Er macht einen unsicheren Schritt auf mich zu und schaut sich selbst dabei auf die Füße. Als er bei mir steht, nehmen wir uns wortlos in die Arme. Wir drücken uns fest für einen sehr langen Moment. Er murmelt einen leisen Dank und küsst mich auf die Wange. Bevor ich reagieren kann, fühle ich, wie er geht. Der bekannte Nebel bildet sich und Alim löst sich auf, während wir uns noch halten. Plötzlich stehe ich allein im Raum und lasse die Arme sinken. Die Scherben am Boden sind verschwunden und was bleibt, ist die fantastische Erinnerung in mir.

Gefährliches Verlangen

»Du hast doch keine Ahnung! Größer *ist* auch gleichbedeutend mit besser!« Ich rollte genervt mit den Augen. Nie würde Sonja es begreifen! Vermutlich fehlte ihr einfach der Vergleich zu einem Mann, der wirklich wusste, was er tat.

Wir waren in der Stadt auf einer Shoppingtour unterwegs. So sehr Sonja auch manchmal nervte, umso besser konnte sie beraten, was Kleidung anging. Sie war gnadenlos ehrlich und gleichzeitig immer über den neuesten Trend informiert. Bei Mode waren wir uns stets einig, nur beim Thema Männer gingen unsere Vorstellungen weit auseinander. Sie bevorzugte den südländischen Typ, gern südliches Afrika, sehr dunkel und gut bestückt. Ich hatte mehr eine Schwäche für die Hellhäutigen. Denn meiner Meinung nach nahmen sie sich mehr Zeit für die Frau ihres Begehrens.

»Ich brauche passende Ohrringe für mein neues Kleid«, sagte ich.

Sonja war einverstanden, musste aber noch mal zur Bank. Zügig gingen wir los und hakten uns auf dem Weg lachend ineinander ein. Da die Geschäfte bald schlossen, wurde die Innenstadt immer leerer. Wir waren daher nicht überrascht, dass am Schalter außer uns niemand war. Der ältere Mann hinter dem Tresen ging unmotiviert seinem Job nach. Während er dem Computer Sonjas Wunsch übermittelte, blickte ich sehnsüchtig auf den Schmuckladen, der direkt gegenüber lag.

Es mochten etwa zehn Minuten vergangen sein, als plötzlich lautes Geschrei in unserer direkten Nähe ertönte. Vier maskierte und bewaffnete Männer stürmten in die Bank und scheuchten uns in die hinterste Ecke des Raumes. Hektisch stolperten wir hinter die dort stehenden Schreibtische. Mit weit aufgerissenen Augen beobachteten wir die Szene und hielten vor Schreck den Atem an.

»Oh mein Gott!«, rief Sonja geschockt.

»Fresse halten und hinsetzen!«, schrie ein dunkelhäutiger, großer Typ. Seine Stimme war laut und autoritär. Niemand traute sich, etwas zu sagen. Außer Sonja und mir war nur noch der Angestellte bei uns. Als er sah, was passierte, wählte er den leichtesten Weg und wurde ohnmächtig. Die Eindringlinge verteilten sich im Raum. Einer blieb direkt vor uns, der Zweite bewachte den Eingang und die anderen beiden durchsuchten Keller und Nebenräume. Ein kurzes Durcheinander.

Dann meldete einer der Kerle: »Hinten alles sauber.«

Sie schienen sich auszukennen, denn wir sahen, dass der Eingang mit der automatischen Sicherung verschlossen, das äußere Rolltor runter gelassen und die Alarmanlage eingeschaltet wurde. Offensichtlich hatten die Täter nicht vor, schnell wieder abzuziehen. Während die vier miteinander Befehle austauschten und ihren Plan verfolgten, schaute ich mir die Gruppe genauer an. Sonja und ich saßen regungslos beisammen und verhielten uns ruhig, um bloß keine Aufmerksamkeit auf uns zu lenken.

Nach einigen Minuten beruhigte sich die Situation, denn die Täter hatten offensichtlich ihr Primärziel erreicht.

Der Großgewachsene vor uns hatte offensichtlich die Position eines Anführers, denn alle Informationen gingen in seine Richtung. Außerdem kommandierte er die anderen herum. Er wies auf den Mann, der am Eingang stand und rief: »Sieh zu, dass du nach unten kommst und kümmere dich um den Tresor. Beeil dich! Je schneller wir hier weg sind, desto besser.«

Wie befohlen, trabte der Handlanger die Treppe hinunter in Richtung Keller, um sich der Tresortür zu widmen.

An uns gewandt sprach der Große: »Ich bin hier der Chef. Als lausiges Fußvolk der Unterschicht dürft ihr mich als ›El Patron‹ in Erinnerung behalten. Wenn ihr euch ruhig verhaltet, passiert niemandem was.«

Erst jetzt merkte ich, wie sehr mir die Hände zitterten. Doch ich atmete tief durch und erklärte mir selbst, dass alles gutwerden würde. Ich griff nach Sonjas Hand und drückte sie fest. Sie erwiderte meinen Druck und lächelte gequält.

Die drei Männer, die oben bei uns geblieben waren, setzten sich in unsere Nähe. Anscheinend hing jetzt alles von dem Talent desjenigen im Keller ab. Es verging eine halbe Stunde, dann eine Ganze.

Die Flüche aus dem Keller wurden lauter und häufiger, eine Erfolgsmeldung blieb aus.

Der Anführer wurde entsprechend ungeduldig und tigerte nervös durch den Raum.

»Setz dich hin, du Freak, du machst mich ganz verrückt! Durch die Rennerei wird es auch nicht besser«, versuchte einer seinen Mitstreiter ihn zu beschwichtigen.

Die Reaktion folgte prompt und überraschend: Ein Faustschlag mitten ins Gesicht. Der Mann wurde von seinem Stuhl nach hinten geworfen und landete mit schmerzverzerrtem

Gesicht auf dem Boden. Er hielt sich beide Hände vor den Mund. Ich sah, dass er blutete.

»Deine blöden Sprüche kannst du dir sparen! So ein Schwachsinn provoziert mich nur.« Wütend ging er wieder in unsere Richtung und ließ den Verletzten achtlos hinter sich liegen. Aggressiv baute er sich vor uns auf und nahm uns ins Visier. Dabei schaute er interessiert auf unsere Brüste.

Ich ahnte Böses.

»Eine von euch könnte meine aufgestaute Energie abmildern«, sagte er, griff sich mit der rechten Hand in den Schritt und begann anzüglich zu grinsen.

Da außer Sonja und mir niemand anwesend war, war die Auswahl also denkbar klein.

Er trat näher und fixierte mich wie ein ausgewähltes Opfer, als er plötzlich seinen Blick zu Sonja wandte.

Sie lächelte.

Im ersten Moment war ich verwirrt. Was tat sie da? Der Typ hatte offensichtlich nicht alle Latten am Zaun und war bewaffnet. Ich beobachte, wie Sonja mit der Zunge über ihre Lippen fuhr und weitere Knöpfe an ihrer knappen Bluse öffnete.

»Oh, wir haben eine Freiwillige, die sich meinem prachtvollen Freudenspender zur Verfügung stellt«, freute er sich.

Er packte sie am Arm und zerrte sie einige Meter mit sich in ein kleines Büro. Dort wählte er den größten Schreibtisch, fegte alle Unterlagen runter und zwang sie, sich zu setzen.

Ich sah, wie der dritte Mann im Raum dem Verletzten zu Hilfe geeilt war. Er hatte eine aufgeplatzte Lippe. In ruhigem Ton sprachen die beiden miteinander.

Inzwischen hatte der Anführer sich von seiner Hose befreit. Sonja ebenfalls. Ich machte mir Sorgen, dass er ihr wehtun würde. Doch als ich ihren auf seinen Schwanz gerichteten Blick sah, und seine Statur samt dunkler Hautfarbe, wusste ich, er war damit genau ihr Beuteschema. Sonjas Blick war keineswegs ängstlich, sondern gierig. Sie hatte sich nicht angeboten, um mich zu schützen, sondern weil der Typ genau das darstellte, was ihr gefiel.

Etwas erleichtert schaute ich dem Treiben zu. Sonja packte ihn an den Hüften und lächelte.

»Dir gefällt wohl, was du siehst«, frohlockte er.

Sie griff fest zu und zog ihn an sich heran. Sein bereits vollständig erhärtetes Glied war aus meiner Perspektive nur von der Seite zu erkennen, doch es war tatsächlich riesig. Sonja liebte es, ordentlich genommen zu werden, was ihr jetzt zugutekam. In keinster Weise rücksichtsvoll, zärtlich, vorsichtig oder gar romantisch, bestand der Sex zwischen den beiden einzig aus knallharten Stößen. Während die zwei fickten, fiel mein Blick auf die beiden männlichen Mitstreiter, die in einiger Entfernung saßen. Der Unverletzte schaute mir direkt in die Augen und ich war überrascht, dass er mir vorher nicht aufgefallen war. Seine Augen hatten ein stechendes Grün. Er hatte mich genau im Blick. Abgelenkt durch die ganze Situation, in der wir uns befanden, hatte ich ihn mir nicht genauer angesehen. Doch jetzt tat ich es. Quer über das rechte Auge hatte er eine Narbe, die ihm etwas Animalisches verlieh. Er sah aus, als hätte er in einem harten Kampf gekämpft und wäre daraus als Sieger hervorgegangen. Er war nicht besonders groß, dafür breit und muskulös.

Sein Boss donnerte weiter in meine Freundin, und es schien nicht so, als würde er bald fertig werden. Sein Blick lag ausschließlich auf dem Loch, in das er eindrang. Offensichtlich hatte er sein Tempo gefunden. Gleichmäßig und gnadenlos vollführte er seine Stöße und kümmerte sich nicht im Geringsten um die Reaktion von Sonja oder sonst wem in diesem Raum.

Endlose Minuten vergingen, in denen nichts weiter zu hören war, außer dem Keuchen der beiden und ihre klatschende Vereinigung. Endlich fand der Boss ein Ende und ließ seine angestaute Lust in das von ihm benutzte Loch schießen.

Sonjas Beine zitterten, offensichtlich hatte er in ihr Bereiche berührt, an die nicht jedes Glied herankam. Ihre Augen sprachen Bände: Sie war begeistert und wollte mehr.

Doch ihr Wohltäter ließ von ihr ab und zog sich zurück. Der Sex hatte seinen Zweck erfüllt.

Mein Blick wanderte zurück zu seinem Begleiter mit den grünen Augen. Er schaute mich ebenfalls an und ich fragte mich, was mich an ihm so reizte. Damit war ich wohl zu unvorsichtig, denn auch dem frisch entspannten Kollegen entging unser Kontakt nicht.

Da sagte der Anführer: »Also ich bin gerade warm geworden. Ich brauche eine zweite Runde, ehe es mir besser geht.« Sein höhnisches Lachen wurde von Sonja unterbrochen.

»Nimm mich«, bettelte sie. »Bitte. Ich bin bereit für mehr.«

Er drehte sich zu ihr um. Sein Blick fiel zwischen ihre nassen Beine und er sagte: »Ich denke, etwas Abwechslung schadet nicht.« Zielstrebig, und mit geöffneter Hose, kam er auf mich zu. Seine Hand wanderte über seine Eichel, als er meine Brüste betrachtete.

Ich fühlte mich angeekelt, blickte voller Abscheu in sein Gesicht und sagte mit Bestimmtheit: »Nein, danke!«

Er lachte lauthals. »Mache ich den Eindruck, als wenn ich dich fragen würde, du Schlampe? Ich werde dich jetzt ficken. Und es interessiert mich einen Dreck, ob du das auch willst oder nicht.«

»Vergiss es!«, zischte ich.

Er zog sofort ein Messer und hielt es mir an die Kehle.

In die beiden anderen Männer kam Bewegung.

»Hey, du hattest schon deinen Spaß, Kumpel. Ich finde,

jetzt bin *ich* mal dran. Die da gehört mir!«, sagte mit deutlicher Stimme mein persönliches Objekt der Begierde. Es stand auf und stellte sich vor mich.

Als weitere Unterstützung eilte Sonja heran und gurrte: »Ich bin ja auch noch da ...«

Der Boss überlegte.

Mein Beschützer nutzte die Gelegenheit und zog mich wörtlich aus der Situation heraus. »Ich schaue, was Pepe am Tresor macht. Die Kleine kommt als Schutz mit runter.« Ohne eine Antwort abzuwarten, wurde ich die schmale Wendeltreppe nach unten geschoben und landete im Vorraum zum Tresor.

Es herrschte erst Stille, dann hörten wir die düstere Stimme von ›El Patron‹: »Du widerst mich an, weil du mich willst. Zeig erst mal, dass du mehr verdienst und lutsch mir den Schwanz!«

Ich drehte mich kurz um und sah, wie Sonja vor ihm willig auf die Knie sank. Dann gingen wir weiter.

Wir landeten in einem kleinen Raum, in dem der fluchende Einbrecher versuchte, den Tresor zu knacken.

»Hey, wie sieht es aus? Der Spinner da oben dreht schon durch«, sagte der Mann an meiner Seite.

»Frag nicht, Mike, ich bin der Verzweiflung nahe. Das System ist ganz anders, als ich erwartet hatte. Ich befürchte, der ist nicht zu knacken.« Sein Blick sprach Bände. Anscheinend hatte er wirklich Panik davor, dem Boss diese Info mitzuteilen. Er stand kopfschüttelnd auf. »Wir müssen abhauen, und zwar schnell.«

»Und wie, du Genie?«, fragt Mike. »Sollen wir fröhlich winkend an ihm da oben vorbeilaufen?«

Ich entzifferte die Aufschrift auf der Tür hinter Pepe: »Fluchtweg« stand darauf.

»Bekommt ihr die Tür auf?«, fragte ich hektisch und zeigte auf die schwere Metalltür.

Beide begannen zu ziehen, es passierte aber nichts. Bevor ich über verschlossene Rettungstüren fluchen konnte, holte Pepe eine Zange aus seinem Koffer, den er für den Tresor dabei hatte. Gezielt nahm er die Bolzen aus den Scharnieren und zusammen mit Mike hob er die Tür aus den Angeln.

Dahinter entdeckte ich eine Steintreppe. Es war tatsächlich ein Hinterausgang! Ohne zu zögern begannen wir zu rennen.

Als wir einige Hundert Meter gelaufen waren, zückte Pepe sein Handy und diskutierte hektisch auf Spanisch mit jemandem. Dann legte er auf und sagte zu uns: »Ich laufe so schnell ich kann zur Autobahn weiter. Meine Schwester ist auf dem Weg dorthin und holt mich ab. Wollt ihr mit? Wir setzen uns in meine Heimat ab.«

Mike warf mir einen nachdenklichen Blick zu und antwortete: »Nein, ich bleibe hier.« Er nahm meine Hand.

Ich hielt seinem Blick stand.

Pepe diskutierte nicht, sondern verließ uns schnell und unauffällig.

Bin ich total verrückt?, fragte ich mich selbst. *Du kennst den Typen nicht. Er ist kriminell! Er könnte dich lebendig begraben und trotzdem stehst du hier noch ganz locker? Lauf weg!* Mein Kopf wollte mich in Sicherheit bringen und hatte sicher auch nicht unrecht, doch mein Bauchgefühl schrie viel lauter und rief: *Bleib!* Unsicher, was ich tun sollte, ging ich meine Möglichkeiten durch. Mike wirkte nicht bedrohlich, doch sicher ließ er mich nicht einfach so laufen. Schließlich konnte ich gegen ihn aussagen.

»Wir machen ein Geschäft«, schlug ich vor. »Du darfst mich vögeln und dann verschwindest du. Ich sage niemandem, dass ich dich gesehen habe und komme dafür unverletzt aus der Nummer raus.«

Er grinste überrascht und reagierte unerwartet: »Keine Sorge, ich habe mich noch nicht entschieden, ob ich davonlaufe.

Zudem stehe ich nicht auf Gewalt. Wenn, dann musst du mich schon freiwillig wollen.« Mit den Worten zog er mich näher an sich heran und wartete.

Ich legte ihm eine Hand auf seine Hüfte und reckte mein Kinn in seine Richtung. Er verstand und küsste mich. Als seine Lippen mich verließen, rückte ich mit dem Kopf etwas nach, weil ich mehr wollte. Ich bekam den Wunsch umgehend erfüllt.

Doch dann trat er einen Schritt zurück. »Wir sollten Strecke zwischen die Bank und uns bringen.« Anscheinend hatte er die gleichen Gedanken wie ich.

Also liefen wir händchenhaltend in einen Wald hinein, der an die Wiese grenzte. Es begann zu dämmern und zwischen den Bäumen wurde es unheimlich. Es dauert nicht lange, bis wir nicht mehr genau wussten, wo wir waren. Mike lief trotzdem weiter.

Nach einigen Minuten entdeckten wir einen Jagdsitz, von wo wir einen guten Blick hatten und nicht sofort entdeckt werden konnten. Wir kletterten die wackelige Holzleiter empor und setzten uns eng beieinander auf die kleine Bank. Ich spürte seinen Körper dicht an mir. Er hielt sanft meine Hand und streichelte mit dem Daumen über meinen Handrücken. Wir sahen uns an, hatten keine Worte für unsere Situation. Doch es gab keine Unsicherheit. Wir wussten, was wir wollen, ohne dass es ausgesprochen werden musste. Ich wollte diesen Mann, hier und jetzt. Es war irrsinnig, verrückt und leichtsinnig, aber all das bremste mich nicht.

Ich drehte mich ihm entgegen und wir küssten uns so wundervoll wie zuvor, nur noch intensiver.

Seine zweite Hand wanderte unter mein Oberteil und fand bereits leicht erhärtete Brustwarzen, die sich auf seine Berührung freuten. Er massierte meine Brust langsam und nutzte zeitgleich seinen Daumen, um die Knospen zu reizen.

Ich erkundete ebenfalls seine muskulöse Front und war von seiner Stärke fasziniert. Wir berührten einander wie Teenager, die sich zum ersten Mal zu fummeln trauten. Doch es fehlte das Zögerliche daran. Gezielt, und vor allem bewusst, berührten wir die erogenen Zonen des anderen. Unser Atem nahm Fahrt auf und wir entledigten uns der überflüssigen Kleidung. Inzwischen war es dunkel. Ein Uhu meldete sich und ich bekam eine Gänsehaut.

Es war eine interessante Mischung aus kühler Temperatur um uns herum und der Hitze meines Partners. Beides reagierte auf meinen Körper und ich konnte mich nicht zwischen Zittern und Hitze entscheiden.

Mike ließ von mir ab und setzte sich vor mir auf den Boden. Er drückte meine Schenkel auseinander und rückte näher heran. Ich lehnte mich erwartungsfreudig gegen die kleine Holzwand und behielt ihn im Auge. Jede Sekunde, die er mich berührte, wollte ich auskosten. Bei der Vorstellung, was er nun tun würde, stieg mein Puls. Zaghaft zeigte er mir sein orales Talent und brachte mich schnell in neue Sphären. Er zog mein Becken weiter vor, um besser agieren zu können, und ich spreizte mich noch mehr für ihn. In der Stille des Waldes hörten wir nichts, außer uns selbst. Keine Motorengeräusche oder Menschen störten unser Tun. Ich lauschte dankbar dem schmatzenden Geräusch, das aus meiner Spalte emporstieg und fuhr ihm zärtlich durchs Haar. Er kannte keine Eile und gab mir das Gefühl, dass ich seinen Service unbegrenzt in Anspruch nehmen durfte. Doch auch ich wollte etwas für ihn tun und unterbrach ihn vorsichtig.

Er machte mir Platz und wir wechselten die Position. Nun lag ich ihm zu Füßen. Sein Penis ragte bereits pochend hervor. Er nahm ihn in die Hand, um sich selbst zu befriedigen. Ich griff nicht ein, sondern widmete mich seinen Hoden. Sie lagen in meinem Mund wie zarte Bälle, und ich zeigte ihnen meine Bewunderung. Von dort wanderte ich mit meinen Lippen an seinem Prachtstück entlang und übernahm die Aktivität. Es dauerte nicht lange, bis er mich bremste, denn er wollte in mir sein, bevor er kam. Er musste es nicht aussprechen – es war klar. Ich legte mich auf den Boden. Der Aufbau des Jägersitzes war breit genug, sodass ich mit leicht angewinkelten Beinen bequem liegen konnte. Mike kam über mich und leitete die Endphase unserer Vereinigung mit einem Kuss ein.

Als er soweit war, dass er in mich eindringen konnte, wurde er übereifrig und stieß fest und tief zu. Ich zuckte zusammen und biss meine Zähne zusammen. Erschrocken heilt er inne, blickte mich an und nahm mein Gesicht in seine Hände.

»Tut mir leid. Habe ich dir wehgetan?«, fragte er.

»Etwas. Ich bin noch nicht ganz bereit. Geh es langsam an, dann ist es für uns beide schöner.«

Als Zeichen, dass er mich verstanden hatte, zog er sich wieder vollständig zurück und küsste mich. Spätestens jetzt war sämtliche Angst in mir vollständig verflogen. Ein Mann, der so vorsichtig mit mir umging, konnte kein schlechter Griff oder gar Gewalttäter sein. Er ließ mir die Zeit, die ich brauchte, und versuchte es erst erneut, als ich ihm mit meinen Hüften zeigte, dass ich bereit war. Es war vollendet und einfach wunderschön. Lange und gefühlvolle Stöße brachten uns beiden einem fantastischen Höhepunkt entgegen.

Wir atmeten im gleichen Rhythmus und lagen auf dem kargen Holz. Nach einiger Zeit lösten wir uns voneinander.

»Wohin wirst du nun gehen?«, fragte ich ihn.

»Zur Polizei, mich stellen. Ich bin nicht der Typ für eine Flucht. Immer mit der Angst im Nacken leben zu müssen, dass sie dich doch finden ... Nein, danke. Dann lieber eine Strafe und danach wirkliche Freiheit.«

Ich war überrascht und auch erleichtert. Es unterstrich den Eindruck, den ich von ihm hatte und so würden wir in Kontakt bleiben können. Sofern er das überhaupt wollte. Möglich, dass er mich nur als willkommene Abwechslung gesehen hatte.

Es schien, als wenn er meine Gedanken lesen konnte, denn er sagte: »Vor allem habe ich jetzt einen unerwarteten Grund zu bleiben.« Er grinste und wanderte mit seinen Fingern zwischen meine Spalte.

Ich grinste zurück. Einen Moment genossen wir uns noch, bevor wir uns wieder auf den Rückweg machten. Wir orientierten uns an der großen Nachtbeleuchtung des Einkaufszentrums und sahen aus der Ferne viele Blaulichter.

Mike war angespannt, doch wir gingen in aller Ruhe mitten in das Geschehen. Als ein Polizeibeamter uns ansprach und als unerwünschte Gaffer wegschicken wollte, erklärte Mike ihm ruhig, dass er beteiligt gewesen war. Ein anderer Polizist führte ihn ab. Wir tauschen einen wissenden Blick, bevor der Bus ihn abtransportierte.

***

Über die Polizeistation in meiner Nähe, und auch als Zeugin, wurde ich über den Fortlauf informiert und wusste, in welchem Gefängnis man ihn inhaftiert hatte. Auch »El Patron« und der verletzte Dritte waren festgenommen worden. Pepe schien seine Flucht geglückt zu sein.

Mir war es nicht erlaubt, Mike zu besuchen, solange sein Anteil an der Tat nicht geklärt war, doch schreiben durfte ich ihm. Wir hielten Kontakt und so erfuhr ich auch, dass Sonja in ihrer Aussage die Tatsachen umgedreht hatte. Laut dem Protokoll wäre Mike der Anführer gewesen und ihr Boss nur ein Handlanger, der gezwungen worden war, mitzumachen. Als ich diese Zeilen von ihr auf dem Revier las und dazu meine Sicht der Dinge darlegen sollte, traf mich die Erkenntnis unerwartet und schwer. Ich hatte mitbekommen, wie sehr sie von dem Anführer nach wie vor schwärmte und vor allem, von seinem großartigen Anhang. Sie wollte ihr Objekt der Begierde für sich haben und log daher, um ihm den längeren Knastaufenthalt zu ersparen. Sicher erwartete sie dafür eine großzügige Gegenleistung.

Zum Glück konnte ich mit meiner Aussage ihre Sicht widerlegen, vor allem, da der dritte Täter und auch die Überwachungskameras meine Version bestätigten. Mike wurde in einem Schnellverfahren zu einer Bewährungsstrafe verurteilt und konnte somit das Gefängnis zügig wieder verlassen. Unsere Kommunikation lief wie vom ersten Moment an oft wortlos, als wüssten wir genau, was der andere dachte.

Sonja verlor ihre Glaubwürdigkeit. Die Zuneigung durch den Boss erlosch sofort, als er vom Scheitern ihres Plans erfuhr. Ich hatte zwar eine Freundin verloren, doch dafür einen Partner gewonnen.

Rettendes Verlangen

Sie würden bald kommen und alle wussten es. Rücksichtslos marschierten die Angreifer durch die Gegend und nahmen sich, was sie wollten. Es waren Angelsachsen, bereit, auch den letzten Teil britischer Landschaft für sich zu gewinnen. Ihrer Ankunft eilten Schreckensnachrichten voraus, über bluttrinkende Kämpfer und seltsame Rituale. Hier im Königreich Essex waren die meisten Ortschaften bereits in ihre Kultur integriert. Doch unter den Bewohnern der Küste hatte sich Widerstand gebildet. Der Ort Jaywick lag direkt am Meer und wurde von seinen Bewohnern bis auf den letzten Mann verteidigt.

Lillian wohnte mit ihrer Tante seit einigen Jahren hier. Es fühlte sich für sie wie das Ende der Welt an. Die Menschen waren schroff und unfreundlich. Lillian hatte die Gegend nie gemocht. Alle Versuche, sich wegzubewegen, waren an ihrem fehlenden Mut gescheitert. Ihre Tante lebte zudem gern hier, sie war eben eine sture alte Frau und Lillian hatte nicht den Mut, sich ihr entgegenzustellen.

Außer ihrer Tante gab es niemanden, der als Heiler gute Dienste tat, daher fühlte sie sich verpflichtet, bei ihr zu bleiben. Die Tante unterrichtete ihre Nichte Lillian, die wissbegierig alles über Kräuterkunde und Heilkunst lernen wollte. Sie mochte die Arbeit in der Natur und auch die Möglichkeit, Menschen zu helfen.

***

Gegen Abend rückten die Marschgeräusche näher. Die Kompanie schlug nicht unweit der Kirche ihr Lager auf. Bereits wenige Stunden später griffen sie an, nutzten im Schutz der Nacht ihre Chance. Die kleine Burg des Ortes war schlecht bewacht und auf diese Übermacht nicht vorbereitet gewesen.

Nur wenige, und dazu schlecht ausgebildete, Soldaten hatten Wache gestanden, keiner von ihnen hatte die Attacke überlebt.

Am nächsten Morgen stand das ganze Dorf im Zentrum, um sich zu beraten, während ein kleiner Trupp der Angreifer auf sie zuschritt. Es war unverkennbar ihr Anführer und etwa zwölf Gefolgsleute.

Lillian stand etwas abseits, aber so, dass sie gut sehen konnte, was vor sich ging. Ihr Blick fiel direkt auf den Anführer. Sein Anblick faszinierte sie. Er strahlte eine unheimliche Autorität aus. Es war aussichtslos, dass er nachgeben würde. Warum auch, schließlich hatte er die bessere Ausgangslage und nichts zu verlieren. Er schätzte die Schwäche des Dorfes korrekt ein. Es ging nicht mehr darum, ob kapituliert wurde, sondern nur noch, in welcher Form.

Zu Lillians Erstaunen sprach er nicht selbst, sondern überließ dies seinem Begleiter, der sich rechts von ihm befand.

Jetzt, wo er so dicht bei ihr stand, konnte sie erkennen, wie blass er wirkte.

»Ich spreche für Tyr, unseren Hauptmann«, donnerte der Begleiter mit lauter Stimme. »Wir sind gekommen, um euer Gebiet zu übernehmen, und die angelsächsische Kultur im Land zu festigen. Wir möchten weitere Opfer vermeiden und wollen über eure Unterwerfung sprechen.«

Während er sprach, konnte Lillian sehen, wie Tyr sich an die Seite fasste und das Gesicht vor Schmerzen verzog. Er schwankte und brach dann plötzlich zusammen. Seine Männer drehten ihn sofort auf den Rücken, zerschnitten sein Hemd, und alle konnten den Grund für seinen Zustand sehen. Eine lange tiefe Wunde zog sich quer über seinen Oberkörper und blutete stark.

Schnell war die Entscheidung getroffen, ihn im Haus des Bürgermeisters unterzubringen, da dieses am nächsten lag und den meisten Komfort bot. Im Gästeteil des Gebäudes legte man ihn behutsam auf ein provisorisches Lager.

Lillian und ihre Tante begannen als Dorfheilerinnen sofort mit der Säuberung der Wunde. Tyr war bewusstlos.

Seine Begleiter sagten, dass er am Vortag von einem Schwert getroffen worden war. Die Wunde war tief, aber nicht lebensgefährdend.

Die Tante ließ Lillian zur Aufsicht zurück, während sie noch Medikamente holte.

Als Lillian allein mit ihrem Patienten war, betrachtete sie ihn genauer. Sie sah, dass es nicht seine erste Verletzung war, denn sein Oberkörper war mit mehreren prägnanten Narben gezeichnet. Vorsichtig fuhren ihre Finger über seine Haut. Immer wieder blickte sie in sein Gesicht, ob er aufwachte. Doch es regte sich kein Muskel an ihm, er war in tiefen Schlaf gefallen. Behutsam wanderte ihre Hand über die feinen Härchen an seinem Bauch. Sie wurden kräftiger in Richtung Brust. Lillian war erstaunt, wie fest sich alles an ihm anfühlte. Als wäre er aus massivem Eisen gefertigt. Es unterstrich seine unerbittliche Ausstrahlung. Vorsichtig schob sie die Decke von seinen Beinen und betrachtete, was sie darunter fand. Bisher hatte sich nie die Möglichkeit ergeben, so genau ein männliches Geschlecht ansehen zu können. Die Neugier war immer da gewesen, doch selten lagen die Männer so ruhig vor ihr, wenn sie nackt waren.

Lillian hatte schon zuvor intimen Kontakt mit Männern gehabt, doch war es jedes Mal eine recht schnelle und für sie unbefriedigende Erfahrung gewesen. Der Reiz daran hatte sich ihr nie richtig erschlossen. Was war so schön daran, wenn ein Mann sich in einer Frau erleichterte? Sie rissen ihr den Rock hoch und steckten hektisch ihren Schwanz hinein. Ein paar feste Stöße, ein Keuchen, und die Sache war vorbei. Meist war Lillian dafür dankbar, wenn es ein schnelles Ende nahm.

Nun schaute sie fasziniert auf sein Glied und untersuchte mit den Augen jeden Zentimeter von ihm. Nie zuvor hatte sie wahrgenommen, dass es einen richtigen kleinen Kopf gab, dass die Adern unter der Haut erkennbar schimmerten und sich oberhalb eine kleine, deutliche Sehne abzeichnete. Mit dem Zeigefinger berührte sie die Stelle und fuhr weiter hinab zu seinen Hoden. Sie waren erstaunlich weich und ließen sich ganz leicht eindrücken. Bevor sie ihren Wissensdurst ganz stillen konnte, hörte sie ihre Tante keuchend die schwere Steintreppe hinunterkommen. Schnell zog sie die Decke über den Patienten, schnappte sich Gefäß und Mörser und bemühte sich, damit beschäftigt auszusehen. In ihrem Kopf tauchten Fragen auf. Wieso war sein Schwanz so schlaff und leblos? War es nicht üblich, dass er hart hervorstand?

Lillian hatte nicht den Mut, ihre Tante danach zu fragen. Stattdessen versorgten beide ihn schweigend und ließen ihn dann unter der Aufsicht einer seiner Männer über Nacht allein.

Sollte es Probleme geben, würde man ihnen Bescheid sagen.

Lillian war somit mit ihren neuen Erkenntnissen isoliert und es dauerte lange, bis sie Schlaf fand.

***

Früh am nächsten Tag waren Lillian und ihre Tante wieder bei Tyr. Allerdings blieb die Tante nicht lange, da sie auf ihre übliche Runde bei den Kranken des Dorfes nicht verzichten konnte. Somit war Lillian unbeaufsichtigt mit Tyr, worüber sie nicht unglücklich war.

Wie am Tag zuvor wollte sie ihn berühren. Zart fuhr sie über seine Brust und wanderte interessiert weiter hinunter, um ihre Erkenntnisse zu vertiefen. Allerdings hatte sie nicht bedacht, dass er nicht mehr bewusstlos war, sondern lediglich schlief. Als sie an seinem Penis ankam, ging ein Ruck durch seinen Körper und er packte blitzschnell ihr Handgelenk. Erschrocken zuckte sie zurück, doch er hielt sie eisern fest und starrte sie mit weit aufgerissenen Augen an. Sein und ihr Atem gingen schneller und beide fixierten einander, ohne etwas zu sagen.

Lillian überlegte, sich zu entschuldigen, doch es wäre eine Lüge gewesen, zu behaupten, sie hätte es nicht mit Absicht getan. Stattdessen entschied sie sich für die Wahrheit. »Ich habe noch nie einen Mann nackt betrachten dürfen ... Ich ... ich war neugierig ... Weiter nichts ...«

Sein Blick wechselte schlagartig von ärgerlich zu interessiert. »Du hast noch nie einen nackten Mann gesehen?«

»Nicht so nah ... und in aller Ruhe ... nein.«

»Bist du noch Jungfrau?«

Lillian merkte, wie sie rot wurde und sagte leise: »Nein, das nicht. Jedoch hatte ich nie Freude an diesem körperlichen Akt. Er ist roh und grob.«

»Nur wenn man es ohne Gefühl tut, ist es unangenehm«, erklärte er ruhig.

Während sie sprachen, behielten sie sich im Blick. Er ließ sich wieder zurücksinken. Seine Hand hielt Lillians immer noch fest und da sie sie nicht zurückziehen konnte, hatte sie sein Glied auch immer noch im Griff. Es lag weich in ihrer Hand, doch sie spürte, wie es pulsierte und zu wachsen begann. Sie konnte ihre Neugier nicht länger beherrschen und fragte: »Wird er stärker, weil du es so willst oder wie funktioniert es?«

Belustigt lockerte er seinen Griff und erklärte: »Er wächst, wenn er dich mag, und noch schneller, wenn du dich um ihn kümmerst.« Um das zu verdeutlichen, massierte er ihn, behielt dabei aber Lillians Hand unter seiner, damit sie wohl seine Bewegungen spürte und mitmachte.

Fasziniert fühlte und sah sie seinen Penis hart werden. Tyrs Atem ging schneller. Sie erreichten einen Punkt, an dem er nicht mehr wachsen konnte.

»Du kannst dich auf ihn setzen«, sagte er gelassen.

Verwirrt schaute sie ihn an. Auf diese Art hatte sie es noch nie getan! Aber ihre Neugier trieb sie an. Wie mochte es sich wohl anfühlen, wenn man es so machte? Etwas unbeholfen schob sie ein Bein über ihn und ging in die Hocke. Er hielt sein Glied mit einer Hand aufrecht und half ihr, ihn am Eingang zu platzieren. Vorsichtig und unwissend senkte sie ihr Becken nach unten und war überrascht, wie es sich anfühlte. Sie konnte selbst bestimmen, was hier geschah. Wenn sie wollte, konnte sie einfach aufstehen und es beenden. Erstmalig musste sie es nicht einfach über sich ergehen lassen, sondern konnte aktiv teilnehmen.

Fasziniert und neugierig bewegte sie ihren Unterleib auf und ab. Immer mit den Augen auf seinem Gesicht. Setzte sie sich tiefer, zogen sich seine Lippen zusammen, hob sie sich, lockerte sich jede Faser in ihm. Seine Hände ruhten auf ihren Hüften und griffen ordentlich zu, ohne ihr jedoch irgendeine

Richtung vorzugeben. Lillian fühlte das erste Mal echte Erregung, es war Freude und keine Pflicht. Vor allem kribbelte es in ihrem Inneren, wenn sie sich mehr nach vorn lehnte und sein Körper sich an ihrer kleinen Knospe rieb. Sie begann zu keuchen, und plötzlich zuckte es in ihr. Sie konnte nicht anders, als zu stöhnen. Unbewusst bewegte sie sich schneller, und bevor sie verstand, was passierte, sah sie nur noch kleine Sterne und erlebte ein unbeschreiblich schönes Gefühl.

Während sie sich ganz auf sich selbst konzentrierte, ließ auch Tyr seiner Lust freien Lauf. Beide atmeten schnell und ließen diesen Moment der Vereinigung auf sich wirken.

Sie sahen einander an und lächelten wissend. Lillian stieg vorsichtig wieder von ihm herunter und überließ ihn sich selbst. Er brauchte Ruhe. Die Anstrengung war sicher nicht vorteilhaft für ihn gewesen. Er beschwerte sich zwar nicht, doch sie erkannte in seinem Gesicht, das er nun schlafen musste.

***

In den darauffolgenden Tagen hatte sie kaum Gelegenheit, mit Tyr allein zu sein. Sobald seine Begleiter erfuhren, dass er wieder ansprechbar war, standen permanent Männer in seiner Kammer, um mit ihm zu reden. Der Bürgermeister nutzte ebenfalls seine Chance, um über die Zukunft des Dorfes mit ihm zu verhandeln – schließlich war Tyr als Feind zu ihnen gekommen.

Doch abends nutzten Lillian und er ihre Zweisamkeit. Mit jeder Stunde wurden sie einander vertrauter. Lillian war es nicht möglich, unauffällig die ganze Nacht bei ihm zu sein. Ihre Tante bestand darauf, dass sie heimkam. Doch bevor sie ihn verließ, berührten sie einander jedes Mal auf eine andere Weise. Lillian erfuhr zu ersten Mal einen vollendet zärtlichen Kuss. Bisher kannte sie nur eine wilde Zunge in ihrem Mund. Doch Tyr zeigte ihr, dass es auch anders ging. Sie legte sich neben ihn und er wies sie an, die Augen zu schließen. Aufgeregt lag sie bei ihm und fühlte seine Anwesenheit. Er war da und beobachtete sie, sein Atem kam näher und vorsichtig berührten seine Lippen die ihren. Sie antwortete ebenso langsam und erlebte eine nie gekannte Empfindung, allein durch diese wenigen Zentimeter Haut lösten sich in ihr Gefühle, wie noch nie zuvor. Seine Zungenspitze spielte langsam zwischen ihren Lippen und sie öffnete sich willig für ihn. Es war ein Spiel, das sie auskostete. Er zeigte ihr, was möglich war, und sie bedauerte, es nicht früher erlebt zu haben. Wie konnte eine so kleine Berührung nur so viel Gefühl in ihr auslösen?

»Kannst du mir erklären, was mit mir beim ersten Mal passiert ist? Wieso war ich kurz weg, was habe ich da erlebt? Können wir das wiederholen?«, fragte Lillian ihn. Sie hatte immer noch diesen einzigartigen Moment in Erinnerung, als sie nur noch Sterne gesehen hatte und musste einfach wissen, was da in ihrem Körper vorgegangen war.

»Du hattest etwas, das man Ekstase nennt. Wir können einander dieses Gefühl immer wieder geben, auch ohne, dass mein Schwanz in dir ist.«

»Wie geht das? Kann ich etwas falsch machen?«

»Nein, kannst du nicht. Solange du es mit Freude tust, wird es richtig sein. Leg dich anders herum hin, sodass dein Kopf auf Höhe von meinem Schwanz ist und mein Kopf an deinem.«

Verwirrt tat Lillian es und wartete, was passieren würde.

Tyr öffnete seine Beine und legte seinen Penis in ihre Reichweite. Zeitgleich berührte er mit seinen Händen sanft ihre Schenkel und gab ihr zu verstehen, dass sie es ihm gleichtun sollte. Sie weitete sich für ihn und schaute ihn an. Was würde er nun von ihr verlangen? Wie sollte sie etwas empfinden, wenn sein Glied so weit von ihrer Öffnung entfernt war?

»Ich zeige dir nun, was wir füreinander tun können«, sagte

er und rückte näher an sie heran. Er behielt sie ihm Blick, als er seinen Mund auf ihre Knospe drückte.

Lillian zuckte erschrocken zurück. Was tat er da?

Er schwieg, ließ ihr einen Moment Zeit und rückte dann erneut an sie heran. Wieder war es ein unbeschreibliches Gefühl, das er in ihr auslöste. Es wurde stärker, als er begann, an der Stelle zu saugen. Bevor sie verstand, was passierte, ließ er von ihr ab.

»Du kannst das Gleiche bei mir tun. Nimm meinen Schwanz vorsichtig in den Mund. Lecke daran, sauge, schmecke mich. Probiere es aus. Spiel so mit deiner Zunge tust, wie du es tust, wenn wir uns küssen.«

Neugierig begann Lillian nun, ihn zu erforschen, und er tat das Gleiche bei ihr. Mit jeder Berührung stieg ihre Hitze. Es war ein starkes Kribbeln. Zugleich bildete sich Nässe in ihr und bei ihm gewann sein Penis an Härte. Immer mutiger ging sie ans Werk.

Ab einem bestimmten Punkt war ihnen beiden klar, dass es kein Zurück mehr gab. Lillian erreichte zuerst ihren Höhepunkt und saugte sich in dem Moment, wo sie kam, so gierig an ihm fest, dass auch er mit einem erleichterten Stöhnen seinen Saft hergab.

Nie zuvor hätte sie gedacht, dass ein Kontakt zwischen Mann und Frau so aussehen konnte, dass es beim Sex tatsächlich Unterschiede gab. Es war eine völlig neue Welt.

Ähnlich ging es ihr, als er das erste Mal ihre Brüste verwöhnte. Bisher hatte sie immer gedacht, dass ihre Brustwarzen allein dem Zweck dienten, Nachwuchs zu versorgen. Nun zeigte sich, dass auch hier erogene Zonen lagen, die ihr nie gekannte Empfindungen verschafften.

Tyr nahm sich Zeit und schien den Unterricht genauso zu genießen wie sie selbst. Doch am meisten freute er sich darüber, wenn Lillian aktiv werden wollte. Bereitwillig überließ er seinen Körper ihrer Neugier und leitete sie an.

»Nimm deine Hand dazu und drück sie etwas fester zusammen. Lass sie hoch- und runtergleiten, während du ihn oben im Mund behältst«, erklärte er ihr keuchend.

Sein Blick lag auf ihr, während sie seinen Schwanz voller Leidenschaft blies. »Gleich bekommst du meinen Samen in den Mund. Erschreck dich nicht, es ist wie beim letzten Mal«, warnte er sie.

Freudig nahm sie ihn tiefer in sich auf, wollte ihn schmecken und alles schlucken, was er ihr gab. Das Wissen, dass sie ihn derart befriedigen konnte, gab ihr eine Art positive Macht über ihn, die sie voll auskosten wollte.

Lillian fürchtete den Moment, in dem er wieder vollständig gesund war, denn es würde ihr beider Abschied bedeuten. Nur wenige Tage waren vergangen, und doch hatte sie in den wenigen Stunden mehr über sich und einen Mann gelernt, als in all den Jahren zuvor.

***

Als sie zu Hause war, reifte in ihr ein Gedanke, um Tyr länger hierzubehalten ... Da sie sich mit der Heilkunst auskannte, war es ihr möglich, auch einen Zustand zu verschlechtern. Sie dachte darüber nach, es bei Tyr anzuwenden. Natürlich würde sie es nur soweit tun, das er keinen Schaden nahm. Er sollte lediglich reiseunfähig sein.

Sie ging zum großen Kräuterregal und richtete den Blick auf das Glas mit fein geriebenem Bilsenkraut. Das könnte sie mit Bier vermischen ... Kurzentschlossen griff sie zu und holte aus einer kleinen kühl gehaltenen Kammer ein Bier.

Dann machte sie sich auf den Weg zu ihrem allabendlichen Besuch. Vor Ort bereitete sie einen Becher zu und trug ihn in Tyrs Zimmer. Als sie in sein Zimmer kam, lächelte er sie an und gab ihr einen Kuss.

Lillians Hände zitterten, als sie ihm den Becher reichte, den er ohne zu zögern ergriff und ansetzte. Was zum Teufel tat sie hier? Es war nicht richtig!

»Nein!«, schrie sie laut, entriss ihm den Becher und schüttete das Biergemisch ins Feuer.

Tyr stand völlig verwirrt neben ihr und blickte sie entsetzt an.

Weinend brach Lillian vor ihm zusammen. »Ich kann nicht ... ich kann das einfach nicht ...« Sie verbarg ihr Gesicht in den Händen und weinte.

Tyr ließ sich zu ihr auf die Knie sinken und nahm sie in den Arm. »Was kannst du nicht? Was ist passiert?«, fragte er besorgt.

Wenn sie ihm jetzt beichtete, was sie geplant hatte, würde er sie sicher wegstoßen und sofort die Abreise antreten. Doch sie sah keine Ausrede für ihr Verhalten und ihre Tante hatte ihr beigebracht, dass die Wahrheit zwar unangenehm, aber die einzig richtige Wahl war. »Ich hatte vor ... dich mit Bilsenkraut zu schwächen ... damit du länger bleibst. Es hätte dich schläfrig gemacht und du hättest in dem Zustand nicht reiten können. So wärst du unter meiner Fürsorge geblieben ...«, gestand sie kleinlaut und schluchzend.

Tyr lockerte seinen Griff, blieb aber bei ihr auf dem Boden. »Du wolltest mich absichtlich vergiften?«, fragte er erschüttert. Er stand wortlos auf und ging ohne ein weiteres Wort hinaus.

Lillian blieb minutenlang weinend sitzen, bevor sie sich zusammenreißen und nach Hause gehen konnte.

***

Die Verhandlungen waren wieder aufgenommen worden. Es wurde beschlossen, dass kein weiterer Kampf stattfinden würde. Das Dorf ergab sich wunschgemäß in die neue Ordnung. Für die Pflege ihres Anführers, gestanden die Kämpfer dem Dorf zum Dank eine geringere Abgabe im ersten Jahr zu.

Kaum hatte Tyr seine Männer zum Aufbruch angewiesen, übermannte Lillian tiefe Traurigkeit. Er würde sie verlassen, für immer. Und sie war selber schuld ... Zusammen mit anderen aus dem Dorf, die dem Treiben zusehen wollten, stand Lillian in der Nähe des Lagers.

Tyr erblickte sie und kam zu ihr. Lange sah er sie an.

Es war eine unendlich lange Zeit für Lillian. Tausend verschiedene Gedanken gingen ihr durch den Kopf, wie er reagieren könnte.

Dann plötzlich erschien ein Lächeln auf seinem Gesicht.

»Ich kann mir nicht vorstellen, ohne dich weiterzureisen«, sagte er.

Freude durchströmte ihren Körper. Ein Lächeln machte sich auch auf ihrem Gesicht breit. Dann flüsterte sie: »Ich auch nicht.«

»Würdest du mit mir kommen?«, fragte er.

Damit hatte Lillian nicht gerechnet. Schlagartig verblasste ihr Lächeln. Alles verlassen? Ihr Dorf, ihre Tante, ihr Leben?

»Es ist eine Herausforderung, ich weiß«, gab Tyr zu. »Es wird zuweilen unbequem sein. Wir übernachten im Freien, sind viel unterwegs. Du wirst Dinge sehen, die nicht immer schön sind. Aber dafür wären wir zusammen ...«

Lillian dachte über seine Worte nach, über die neue Zukunft, die sich ihr bot. Endlich würde sie aus dem Dorf rauskommen, was sie schon immer wollte, endlich ein neues Leben führen und das an der Seite des Mannes, den sie so liebte. Er würde sie beschützen, da war sie sich sicher.

Schließlich nickte sie. »Ich will es tun. Ich möchte an deiner Seite sein. Außerdem könnte mein Wissen über Kräuterheilkunde nützlich sein.«

Als Antwort gab er ihr einen langen, innigen Kuss und schwenkte sie freudig einmal herum. Als er sie herunterließ, schenkte er ihr ein Lächeln, das so voller Liebe war, dass sie keine Sekunde länger an seiner Zuneigung zweifelte.

Sofort lief sie nach Hause, um ihre Sachen zu packen. Ihre Tante war eine resolute Person und würde auch gut ohne sie zurechtkommen. Das bestätigte sich, als sie aufeinandertrafen und ihre Tante wissend lächelte und ihr ein fertig geschnürtes Paket überreichte. Darin waren die wichtigsten Kräuter und Tinkturen, sowie ein kleiner Talisman.

Lillian strahlte dankbar. Sie nahmen sich zum Abschied in den Arm und Lillian sagte in ihr Ohr: »Danke für alles, was ich bei dir lernen durfte. Wir sehen uns bald wieder.«

Sie ließen sich los. Ihre Tante lächelte und schob sie auf den Weg. Lillian winkte und lief ihrem Glück entgegen.

Tante Burgur sah ihrer Nichte lange hinterher. Mit einer Mischung aus Traurigkeit, aber auch Zufriedenheit sagte sie:

»Nein, mein Kind, wir werden uns nie wiedersehen.«

Natürliches Verlangen

Wenn ich jetzt einfach zügig durch die Tür gehe, würden sie mich sicher nicht entdecken. Überzeugt von meiner Taktik, wandere ich durch die vorderen Regale und behalte den Ausgang im Blick. Zielstrebig peile ich die rechte Seite an, um möglichst weit entfernt an dem Security Mitarbeiter vorbei in der Menschenmenge zu verschwinden. Unter meiner Jacke habe ich zwei hochwertige Oberteile versteckt. Bevor ich überhaupt merke, dass mich jemand verfolgt, packt mich eine starke Hand am Genick und hält mich fest.

»Wo wolltest du denn hin, Lady?«, höre ich eine grantige Männerstimme fragen.

Ich schließe die Augen und versuche, mich woanders hin zu wünschen, doch natürlich passiert nichts dergleichen. Verdammt! Zwei kräftige Männer begleiten mich in die Büroräume des Ladens und verständigen die Polizei. Während wir warten, überlege ich meine Chancen, halbwegs unbeschadet aus der Nummer rauszukommen. Die Beamten treffen ein und nehmen Aussagen und Personalien auf. Ich werde darauf hingewiesen, dass ich zwar nach Hause darf, man mich aber wegen einer Strafsache im Bereich Diebstahl anschreiben wird. Ich nicke, nehme das, was mir gehört, und verlasse wie ein getretener Hund das Geschäft.

***

Aus Verzweiflung hatte ich in den letzten Wochen immer wieder kleine Dinge mitgehen lassen, um mein Konto aufzubessern. Ohne Job und Perspektive sah ich keine andere Möglichkeit, um mich über Wasser zu halten. Natürlich ist mir bewusst, dass ich falsch handle, doch hat es bisher so leicht geklappt, dass die Verlockung weiterzumachen, einfach zu groß war.

***

Drei Wochen später sitze ich bei Gericht, um mir die Anklage detailliert vorlesen zu lassen. Ich bin geständig und nach einer kurzen Verhandlung fällt bereits das Urteil. Der Richter scheint gelangweilt und behandelt mich wie eine Ware auf dem Fließband, die schnell abgerechnet werden muss.

»Die Straftat wurde von der Angeklagten nachweislich begangen. Da diese die Tat eingeräumt hat und keiner geregelten Arbeit nachgeht, sieht die Staatsanwaltschaft von einem Bußgeld ab. Als Strafmaß obliegt der Angeklagten die Wahl zwischen drei Tagen Sozialdienst auf einer Naturschutzbasis oder einen Monat Haft in der nächstgelegenen Justizvollzugsanstalt.«

Spontan entscheide ich mich für die drei Tage Arbeitseinsatz, und bin überrascht, wie gut ich mit der Sache davonkomme. Der Richter notiert sich ein paar Dinge in seiner Mappe und wendet sich dann direkt an mich.

»Sie werden dem vor Ort ansässigen Leiter überstellt. Dieser weist Sie in die notwendigen Tätigkeiten ein. Er wird dem Gericht danach mit einem ausführlichen Bericht bestätigen, dass Ihre Strafe ordnungsgemäß von Ihnen erfüllt wurde.«

Bereits am nächsten Tag soll ich mich am Hafen einfinden. Dort würde ein Herr Hansen mich erwarten und zu meinem Einsatzort bringen.

Schockiert bin ich lediglich über die Uhrzeit, denn bereits um fünf Uhr soll ich dort sein.

***

Der nächste Morgen ist windig und es nieselt. Petrus gibt sich alle Mühe, ungemütliche Stimmung zu verbreiten.

Missmutig ziehe ich mit meiner Tasche an Schiffen vorbei und suche Liegeplatz Vierundvierzig.

Auf den Planken steht ein vollbärtiger Typ, der mich bereits mürrisch ansieht und anscheinend keine Lust hat, mich zu betreuen.

Zögerlich gehe ich näher ans Schiff und betrachte mein Wassertaxi. Seitlich erkenne ich den Schriftzug »Holy Pirat« auf dem Holz, offensichtlich ist der Besitzer mit Leib und Seele Seemann. Es handelt sich um einen leicht ramponierten alten Fischkutter, ungefähr zwanzig Meter lang und vier Meter breit. Die Reling ist so glatt, dass ich nur schwer glauben kann, dass es sich um echtes Holz handelt. Die Salzluft hat dem Bottich bereits gut zugesetzt.

Kapitän »Blackbeard« ruckt mit dem Kopf, dass ich an Bord kommen soll und verzieht sich in eine kleine mit Plexiglas geschützte Fahrerkabine. Da außer mir niemand hier ist, erübrigt sich für ihn anscheinend die Frage, ob ich wirklich die richtige Person bin. Hinter den dreckigen Scheiben versteckt er sich vor dem Wetter, blickt aufs Meer hinaus und macht sich eine Pfeife an. Ich springe wagemutig auf den wackligen Kahn und folge ihm in den geschützten Bereich. Kaum habe ich meine Tasche abgestellt, fängt er an, mich rumzukommandieren.

»Achterleine anholen und *Backbord* warten, bis der Motor läuft. Für das Segel ist es nicht windig genug.«

»Äh was?« Verwirrt trete ich wieder auf die offene Fläche und suche nach dem Seil, das er meint. Ich finde ein dickes Tau, dass das Schiff am Ankerplatz festhält, und versuche, es von diesem zu lösen. Es wiegt mehr, als ich befürchtet habe, und kostet mich mehr Kraft, als ich eigentlich habe, um es mit Schwung zu heben. Eine Kurbel hilft mir, die Leine auf eine Winde zu wickeln. Noch bevor ich fertig bin, schwitze ich wie ein Marathonläufer.

»Blackbeard« schaut amüsiert zu, wie ich mich quäle, und lehnt bequem in seinem Kabuff.

Als ich endlich fertig bin, schaue ich ihn wütend an. Ich soll Backbord warten, was ich auch tun würde, wenn ich wüsste, wo das ist! Testweise trete ich nach rechts und warte.

Er steht wortlos da und schaut mich an.

Als nichts passiert, wandere ich drei Schritte nach links. Es kommt Leben in ihn. Er dreht sich um und wirft die Maschine an. Ich bin wohl vorerst erlöst.

***

Wir tuckern ungefähr eine Stunde über ruhiges Wasser, bis ich am Horizont im Nebel eine kleine Insel ausmachen kann. Daran befindet sich ein winziger Steg und man kann bereits eine kleine Hütte erahnen, die dahinter gebaut ist.

Während der Fahrt hat Kapitän »Blackbeard« kein einziges Wort mit mir gesprochen. Ich bin brav an der linken Seite des Kahns geblieben und habe die Seeluft eingeatmet, die mich erstaunlich wach macht. Von dort habe ich meinen Naturschutzleiter im Blick behalten und dabei gemerkt, wie grazil er sich bewegt – trotz seines massiven Körperbaus. Er ist nicht dick, mehr sehr kräftig wie ein Wrestler, dabei aber unheimlich wendig. Sicher hat er in seinem Leben so manches gut gefüllte Fischernetz aus dem Wasser gezogen, so etwas härtet ab.

Er lenkt das Boot gekonnt an den Steg heran.

»Leine ausholen, Boot festmachen«, ruft er mir zu.

Ich ziehe das Tau an mich heran und springe mit dem Ende in meiner Hand auf den Steg, um die Schlaufe um einen dicken Holzstamm zu legen. Fast stolpere ich über die Holzlatten des krummen Stegs, während mein Körper empört aufschreit, weil ich mich schon wieder körperlich betätige.

Als alles gesichert ist, sieht er mir das erste Mal klar in die Augen und sagt: »Ich bin für die nächsten drei Tage derjenige, der entscheidet, was du tust, wann und wie. Ich will kein Gejammer, Tränen oder Beschwerden. Mein Name ist Erik, du kannst mich duzen. Geschlafen wird auf der Insel, Strom gibt es keinen. Nimm deine Sachen und folg mir.« Ohne eine Reaktion abzuwarten, marschiert er los.

Ich beeile mich, meine Tasche von Bord zu holen und ihm nachzulaufen. In mir steigt die Unsicherheit, ob ich schaffen kann, was der Kerl von mir verlangen wird. So langsam befürchte ich anstrengende Tage und bete insgeheim, dass es irgendwie erträglich wird.

Die Hütte ist spartanisch eingerichtet und wird mit einem Holzofen mittig im Raum geheizt. Darauf ist eine kleine Kochstelle und rundherum eine Metallstange, um Kleidung zu trocknen. Bevor ich mich an die Wärme im Inneren gewöhnen kann, weist Erik mich an: »Ich werde einiges an Material von Bord tragen und hier verteilen müssen, in der Zwischenzeit gehst du zählen.«

»Zählen?«

»Genau?«

»Äh, was denn?«

»Vögel.«

»Bitte was soll ich?«

»Nimm dir den Block da, einen Stift und lauf zum Brutplatz. Siehst du da hinten den Hügel? Dort nisten Vögel, die für unsere Arbeit wichtig sind. Verhalt dich ruhig und beginn zu zählen. In vier Stunden solltest du fertig sein – außer, du stellst dich dämlich an.«

»Ich glaube nicht, dass ich mich beleidigen lassen muss«, keife ich ihn an.

»Du kannst dich auch mit anderen Tätigkeiten freikaufen. Liegt ganz bei dir«, grinst er anzüglich und studiert meinen Körper völlig ungeniert.

»Träum weiter!«, gifte ich.

»Ist ja deine Strafsache, nicht meine. Dann melde ich dem Richter, dass du lieber in den Knast willst.« Er zuckt mit den Schultern, greift sich seine Mütze und geht los.

Unschlüssig stehe ich in der Hütte und schaue ihm nach. Noch nie ist mir ein so dermaßen unsympathischer Mistkerl begegnet. Selbstgefällig und unverschämt nutzt er meine Situation aus. Nun stehe ich zwischen meiner Selbstachtung und der Realität. Sicher könnte ich die Haft wählen, vier Wochen würden auch rumgehen. Aber der Gedanke, eingesperrt zu sein, macht mir Angst.

Also bleibt nur das Eingeständnis, mit dem Dienst für diesen Piraten das kleinere Übel gewählt zu haben. Allerdings weiß ich jetzt schon, dass er es auskosten wird. Am Ende ist aber die Furcht vor der Tür ohne Klinke größer als mein Stolz.

Ich greife mir das Notizbuch und stapfe hinaus. Auf der Insel ist es wesentlich windiger als an Land. Die Kälte kriecht mir in jede Öffnung meiner Jacke. Ich wickle meinen dicken Wollschal fester um mich und suche nach dem Hügel, den er erwähnt hat. Die meiste Fläche ist plattes Land, nur im

Norden gibt es eine erhöhte Stelle.

Langsam wandere ich los und staune darüber, wie sehr sich die Strecke in die Länge zieht. Wie eine Fata Morgana rückt mein Ziel immer weiter davon. Keuchend schaffe ich es bis an den höchsten Punkt des Eilands und lasse mich fallen. Es dauert mehrere Minuten, bis ich soweit bin, mir meine Umgebung anzusehen, ohne dass mein Kreislauf schwächelt.

Zum ersten Mal habe ich das Gefühl, es gar nicht so schlecht getroffen zu haben. Niemand ist hier, alles um mich ist völlig unberührt von Menschenhand. Viele Vögel blicken zu mir, laufen um meinen Platz herum, fliegen davon, setzen zur Landung an. Es ist für die hohe Anzahl von ihnen erstaunlich ruhig. Anscheinend stelle ich für sie keine Gefahr dar. Eine Zeit lang sitze ich einfach nur herum und sehe zu, bis mir kalt wird. Dabei spüre ich den Block, den ich bei mir trage, und die Aufgabe fällt mir wieder ein.

In den letzten Notizen sehe ich bereits ausgeführte Zählungen. Ich übernehme das Muster und versuche nachzuvollziehen, wie ich die Sache am besten angehen kann. Es wird sowie zwischen Alt und Jungtier unterschieden als auch die Anzahl der Nester. Anfangs denke ich, dass die Aufgabe leicht ist, doch ich habe die Rechnung ohne das Federvieh gemacht. Als wenn es ihnen besondere Freude macht, kommt immer in *die* Ecke Leben, bei der ich gerade bin. Kaum denke ich, korrekt gezählt zu haben, flattern alle auf und es sind zwei Tiere mehr, als noch Sekunden zuvor.

Also versuche ich es ein weiteres Mal. Nun habe ich ein Tier weniger, als bei der ersten Version. Ich habe das Gefühl, gar nicht voranzukommen, da ich jeden Bereich mehrfach im Auge haben muss und immer wieder andere Zahlen aufschreibe ...

Irgendwann bin ich so genervt, dass ich einen lauten Schrei ausstoße und das Buch weit von mir werfe. Der Schwarm fliegt empört auf und es herrscht das pure Chaos. Verärgert lasse ich mich nach hinten fallen und schaue in den Himmel. Über mir dreht der Schwarm eine Runde, um dann wieder zur Landung anzusetzen. Wie soll ich diese verdammte Aufgabe bloß erfüllen? Ich überlege, einfach irgendwelche Ziffern einzutragen. Woher soll der Pirat wissen, ob das stimmt? Er ist weit weg und kontrolliert mich nicht, also kann ich auch schummeln.

Das Buch liegt einige Meter weit entfernt im Gras. Ich quäle mich hoch, um es einzusammeln. Als ich mich bücke, sehe ich ein Nest in direkter Nähe. Darin sind leise Geräusche zu hören. Ich gehe in die Hocke und lausche genauer, dabei entdecke ich drei Eier, von denen eines leicht wackelt. Ein ausgewachsener Vogel kommt näher und bleibt am Rand des Nestes stehen. Vermutlich ist es das Muttertier. Sie behält mich im Blick, will aber auch nicht ihren Platz verlassen. Fast starr bleiben wir beide, wo wir sind und schauen auf das Ei. Das kleine Tackern wird lauter und ich sehe, wie sich ein kleines Loch in der Schale bildet. Ein winziger Schnabel arbeitet sich von innen durch, hier möchte jemand schlüpfen! Noch nie habe ich so etwas gesehen und vergesse alles um mich herum. Mama Vogel und ich beobachten genau, was sich tut, und bald kommt ein ganzer Kopf zum Vorschein. Ein hilfloses Fiepen, und der kleine Piepmatz meldet, dass er auf dieser Welt angekommen ist.

Ich kann nicht anders als zu lächeln. In meiner Hand ruht immer noch das Buch. Plötzlich schäme ich mich für meine Idee, zu betrügen. Wer weiß, wie selten diese Art hier ist. Sicher gibt es einen Grund dafür, dass sie unter Schutz stehen.

Langsam erhebe ich mich und kehre an meinen Hügelpunkt zurück. Kein Gedanke mehr an die Schwierigkeit meiner Aufgabe. Jetzt bin ich entschlossen. Gezielt behalte ich von links nach rechts alle Nester im Blick und fange erneut an zu rechnen. Am Ende addiere ich meine Werte und sehe, dass die Zahl deutlich unter der liegt, die mein Vorgänger vor sechs Monaten notiert hat.

Ich mache mich auf den Rückweg, nachdem ich einen letzten Kontrollblick auf das Küken geworfen habe.

***

Ich treffe Erik auf halber Strecke. Er schaut sich meine Zahlen an, schüttelt seufzend mit dem Kopf und drückt mir grummelnd eine Schaufel in die Hand. Vor ihm erkenne ich mehrere Löcher, die er bereits ausgehoben hat. Daneben stapeln sich abgestorbene Pflanzen, es sind meist nur noch verdorrte Wurzelknollen übrig.

»Alles was tot ist, ausgraben und auf den Haufen legen. Sobald du etwas Grünes und Lebendiges erkennst, in der Erde lassen.« Mehr Anweisung bekomme ich nicht.

Also fange ich einfach an. Ich trage keine Uhr bei mir, merke aber, dass es spät wird. Meine Muskeln sind überfordert. Ich bin kaputt und sehne das Ende herbei. Erik zu fragen, wann ich erlöst bin, halte ich für sinnfrei, also halte ich die Klappe. Schließlich ist das hier eine Strafe und kein Ausflug.

Als ich gerade denke, dass ich keine Minute länger schaufeln kann, unterbricht er mich und schultert den Spaten. Erleichtert tue ich es ihm nach und laufe mit letzter Kraft hinter ihm her.

Wie ein Stier trotzt er dem Wind. Seine Schritte sind kraftvoll und gezielt. Direkt hinter ihm ist es etwas leichter zu laufen, da er mit seinen breiten Schultern wie ein Schutzschild einen Großteil des fiesen Wetters für mich abfängt. Kurz vor der Eingangstür biegt er jedoch ab und geht um das Haus herum.

Müde, ausgelaugt, hungrig und vor allem dreckig, schlurfe ich direkt in die kleine Hütte. Ich bin erst mal allein und kann Erik durch die Fenster auch nirgendwo entdecken. Da es anscheinend auch nichts Essbares gibt, suche ich zuerst eine

Waschgelegenheit. Die Dusche, die ich finde, hat den Namen nicht verdient. Es gibt nur eiskaltes Wasser! Man steht auf blanker Erde, damit das verbrauchte Wasser direkt versickern kann. Um mich herum ein paar klapprige Wände aus Brettern, weiter nichts. Ich beeile mich, fertig zu werden, bevor die Finger steif frieren vor Kälte.

Auf dem einzigen Regalbrett liegen Handtücher. Sie sind sehr klein und vor allem so rau, dass es fast wehtut beim Abtrocknen. Meine verwöhnte Haut protestiert mit Rötung. Ich seufze tief über mein Schicksal und lehne meine Stirn an eine Wand, um den Tag bisher zu verarbeiten. Vielleicht hat dieser Pirat Freude daran, andere leiden zu lassen, oder er nimmt seine Aufgabe für den Staat als Überwacher sehr ernst. Während ich überlege, knarzt das Holz der windschiefen Tür und unterbricht meine Überlegungen. Da hier alles undicht und alt ist, schenke ich dem Geräusch keine weitere Beachtung und lasse mein Gesicht in das Handtuch fallen.

Plötzlich werden die Enden des Tuchs gepackt und meine Hände blitzschnell an meinem Hinterkopf damit zusammengebunden. Bevor ich verstehen kann, was geschieht, bin ich wehrlos – und vor allem völlig nackt! Ich muss nicht überlegen, wer der Täter ist, denn wir sind nur zu zweit auf dieser Insel. Er sagt keinen Ton, doch ich höre seinen Atem. Er ist gierig und hat sein Ziel klar vor Augen.

»Wir brauchen beide dringend Wärme. Ich kann dir da behilflich sein«, raunt er an mein linkes Ohr.

Seine Hände sind ebenso rau wie das Handtuch. Er packt mich damit grob an den Hüften, greift fest zu und drückt sich mit seinen Lenden an mein Hinterteil. Ich werde mit dem ganzen Körper nach vorn an die Bretterwand gepresst und fühle, dass er ebenfalls nackt ist. Seine Haut liegt auf meiner. Ich spüre seinen Bart in meinem Nacken, die Haare an seinen Oberschenkeln kitzeln über den Kniekehlen. Während seine Arme sich bewegen, spannt sich sein Brustmuskel an meinen Schultern an und lässt mich erahnen, wie viel Kraft er tatsächlich hat. Den Gedanken, zu fliehen, kann ich direkt löschen, dafür fehlt mir das Wissen, mich gegen einen stärkeren Gegner zu verteidigen. Zudem muss ich mir eingestehen, dass es mich heiß macht. Ich stehe wehrlos hier und weiß, dass er mich vögeln kann. Die Frage ist nur noch: wie hart!

Sein Schwanz ist so fest wie Granit. Er fühlt sich an wie eine scharfe Waffe, die sich bereits zwischen meine Beine presst. Er weiß, wo es langgeht, und ich habe nicht den Eindruck, dass er lange warten wird. Seine Hände sind an meinen Brüsten. Er knetet sie fest und beginnt, mit seinem Becken stoßende Bewegungen auszuführen. All das lasse ich kommentarlos geschehen. Erstens weiß ich, dass es keinen Sinn hätte, und zweitens will ich wissen, was er tun wird. Ob es so geil wird, wie ich denke oder ob er doch nicht den Mut hat, es durchzuziehen. Vielleicht will er mich nur testen oder mit Angst machen. Doch bevor ich die Idee weiter verfolgen kann, spüre ich, wie er hinter mir leicht in die Knie geht und so seinen Schwanz eindeutig positioniert. Zielgenau findet er den richtigen Winkel und zeigt mir klar und deutlich, dass er sein Vorhaben auch durchziehen wird. Er scheint zu warten, ob ich mich wehre oder widerspreche, doch ich tue nichts dergleichen. Offensichtlich versteht er das als stille Zustimmung für sein Vorhaben. Bevor meine Spalte versteht, dass sie gleich benutzt wird, ist er bereits vollständig in mich eingedrungen. Mein Stöhnen geht in seinem völlig unter. Er rammt alles, was er hat, in mich und hält immer noch meine Brüste fest in seinen Pranken. Unerbittlich dringt er in mich ein. Jedes Mal zieht er sich nur minimal aus mir zurück und stößt kraftvoll wieder zu. Hinter seinen Bewegungen steckt so viel Energie, dass mein ganzer Körper ruckt, sobald er mein Innerstes trifft. Meine Hände sind immer noch hinter meinen Kopf gebunden, ich kann mich nirgendwo festhalten. Mir bleibt nur, mein Gewicht nach vorn gegen seine Hände an meinen Brüsten zu lehnen, damit er mich hält. Es dauert nicht lange, bis er sich brüllend in mir entlädt und mich ebenso schnell verlässt, wie er begonnen hat. Fast glaube ich, dass gar nichts passiert ist – wäre da nicht das starke Pochen in meiner Spalte.

Der Knoten an meinen Händen wird gelöst und ich höre, wie er mit deutlichen Schritten von mir geht. Das Gefühlschaos in mir findet so schnell kein Ende und ich fasse nicht, dass er mich gerade wirklich ungefragt gefickt hat!

Ich ziehe mich an und gehe langsam in die Hütte. Dort steht er am Ofen und rührt bereits in einem großen Topf, als wäre nichts passiert. Er muss gehört haben, dass ich in den Raum gekommen bin, doch er lässt sich nichts anmerken. Ich stelle mich demonstrativ neben ihn und warte auf eine Reaktion. Er blickt mich an, grinst breit, starrt mir zwischen die Beine und leckt den Löffel ab den er in der Hand hält.

Ich kann mich nicht länger ruhig halten und explodiere: »Was zum Henker denkst du dir eigentlich?! Bin ich deine persönliche Sklavin, mit der du alles tun kannst, was du willst?«

In einem völlig entspannten Ton antwortet er: »Ach Schnecke, jetzt mach mal halblang. Ich hab dir angesehen, dass du es brauchst. Wäre es schlimm für dich gewesen, hättest du nicht so gestöhnt. Es war nur ein schneller Fick. Wird sich auch in meinem Bericht für den Richter gut auswirken.«

Unbeeindruckt widmet er sich wieder seinem Topf und beginnt mit der Hand Kräuter zu zerpflücken.

Ich bin sprachlos. Es gibt keine Worte, die beschreiben, was in mir vorgeht. Ja, es mag sein, dass mein letzter Kontakt mit einem Mann länger her ist. Auch, dass ich mich gern habe nehmen lassen ist richtig. Doch diese Selbstverständlichkeit, mit der er das weiß und es mir ins Gesicht sagt, ist beschämend. Mir fallen keine Widerworte ein. Also setze ich mich an den einzigen kleinen Tisch in der Hütte und blicke aus dem Fenster.

Draußen beginnt es bereits zu dämmern.

Irgendwann stellt Erik einen Teller vor mich. Darin befindet sich ein einmalig duftender Eintopf. Hungrig beginne ich zu essen, während er sich mir gegenüber niederlässt.

Als wir beide satt sind, zeigt er auf die ausziehbare Couch am anderen Ende des Raumes. »Es gibt hier wie du siehst nur eine Schlafgelegenheit. Aber keine Sorge, für heute habe ich keinen Bedarf mehr, dich anzupacken.« Sein Grinsen steht ihm zu gut, als dass ich es schlimm finden könnte und ich bin froh, zu wissen, dass ich beruhigt schlafen kann.

***

Am nächsten Morgen erwartet mich nach dem Aufstehen bei Sonnenaufgang ein karges Frühstück. Bevor ich wirklich wach werde, sind wir beide wieder an Bord des kleinen Kutters und fahren einige hundert Meter die Küste entlang. Wir umrunden ungefähr die halbe Insel, als Erik den Anker wirft. Um uns herum scheint eine Art Wirbel zu sein. Das Wasser ist voller Dreck und Unrat.

»Wir bleiben den Tag über hier und versuchen, so viel wie möglich zu säubern«, bekomme ich als Erklärung.

Mit einem großen Kescher beginne ich zu fischen. Ich siebe alles raus, was die Natur nicht brauchen kann. Unmengen kommen zum Vorschein: Plastiktüten, leere Dosen, Pappe, die sich noch nicht zersetzt hat, lange Schnüre, die sich durch die Strömung verwickelt haben ... Dazwischen finde ich immer wieder Kadaver von Fischen, die sich aus dem Müll nicht befreien konnten, und dort verhungert sind. Mir wird bewusst, was hier passiert und meine Motivation steigt, möglichst viel

Dreck zu sammeln, um den überlebenden Tieren eine Chance zu geben. Der Berg an Bord wird stündlich größer und wir machen nur mittags kurz Pause, um die Reste des Eintopfes vom Vortag zu verschlingen. Lange bin ich nicht mehr so produktiv gewesen. Meine Muskeln schmerzen von gestern, doch aufgrund der Sinnhaftigkeit meiner Aktivität, lassen sie sich ausblenden.

***

Gegen Abend lässt der Wind nach. Es wird erschreckend still um uns herum. Das Boot schaukelt nur noch sanft und wiegt sich selbst in den Schlaf. Eine Hängematte an Bord schwingt mit den Wellen. Ich lächle das erste Mal an diesem Tag, als ich mich müde darin ausstrecke. Es war verdammt anstrengend gewesen, doch hatte ich das befriedigende Gefühl, etwas wirklich Gutes getan zu haben. Anstatt wie üblich nur vom Bett auf mein Sofa zu wechseln und den ganzen Tag Serien zu schauen, habe ich heute einen Beitrag für die Welt geleistet. Es hat sich gelohnt aufzustehen, auch wenn mir jeder Knochen wehtut!

Erik kommt mit einer Kanne aus der winzigen Kombüse unter Deck heran und reicht mir einen heiß dampfenden Becher. Als ich mich aufsetze und daran schnuppere, wird mir schwindelig. Es ist Grog. Eigentlich genau das Richtige bei dem Wetter, aber ich ahne, dass er mir zu Kopf steigen wird und zwar schnell.

Mutig, wie eines Seemannes würdig, kippt Erik seinen Becher hinunter. Ich will nicht als Weichei gelten und tue es ihm nach. Während Erik mir nachschenkt, merke ich, wie meine Knochen sich anfühlen, als wären sie von siedendem Wasser umhüllt. Ich bekomme Gänsehaut und trinke weiter.

Als wir beim Vierten sind, ist die Kanne leer und ich voll.

Erik mit seiner uncharmanten Art steht vor mir und reibt mit seiner Hand deutlich zwischen seinen Beinen ... Er ist genau das, was man als Urtyp eines Mannes versteht. Grob, willensstark, unbändig.

Mir ist klar, was kommen wird, und der Gedanke macht mich scharf. Diesmal freue ich mich sogar richtig darauf. Nie zuvor habe ich den Eindruck gehabt, mich grenzenlos fallen lassen zu können. Immer war ich im Kopf zu sehr dabei. Wird er meine Cellulite sehen? Ist der Pickel an der Schulter größer geworden? Die trockene Haut an den Schienbeinen ist so unschön und die Stoppel von der fehlenden Rasur erst! Bewege ich mich genug oder erwartet er einen Stellungswechsel, damit keine Langeweile aufkommt ...? All diese Fragen stellen sich hier nicht – von Anfang an nicht! Erik ist ein richtiger Kerl, der sich holt, was er braucht. Dinge wie optische Perfektion oder Mitarbeit sind hier nicht wichtig. Es ist ungewohnt und brachial, aber auch unheimlich erlösend. Ich muss nur die Frau sein, die ich bereits bin, mehr nicht!

Meine Hose hat er mit einem Schwung von mir gezogen. Die Schenkel werden weit auseinandergedrückt und seine Hand berührt nun direkt meine Perle. Freudig überrascht, dass er sich diesmal die Mühe eines Vorspiels macht, lecke ich mir die Lippen und schaue ihn direkt an. Mein Blick fällt hinunter zu seinem Schwanz, der bereits prall wippend hervorsteht. Anscheinend versteht er es als Wunsch, dass ich ihn befriedigen will, denn er lässt von mir ab und macht einen erwartungsvollen Schritt nach hinten. Ich rutsche auf die Knie und erfülle seine Erwartung. In meinem Kopf sagt mir eine Stimme, dass sein Vergnügen nur positiv für mich sein kann. In meinem Mund zuckt sein Penis unkontrolliert, doch abspritzen tut er nicht. Ich darf ihn nur kurz kosten, dann zieht er mich hoch und drückt mich erneut in die Hängematte.

Er nutzt den Schwung des hängenden Stoffes, um meinen Körper zu bearbeiten. Ich gebe meine bisherige Körperspannung auf und lasse mich innerlich und äußerlich fallen. Mein Kopf ruckt nach hinten, meine Arme suchen nicht mehr nach Halt, sondern liegen erschöpft neben mir. Meine Beine hängen kraftlos in seinem Griff, ich überlasse mich völlig seiner Kontrolle. Was auch immer er mit mir tun will, er wird es können. Der Gedanke verursacht mir weder Angst noch Unsicherheit, ich fühle mich bei ihm zugleich sicher als auch begehrt. Eine interessante Kombination, denn es hat einen besonderen Reiz. Wie am Vortag dringt er ohne zu warten in mich ein und rammelt mich wie ein Kaninchen. Es ist hart und schnell. Sein Saft läuft so schnell in mich, dass ich enttäuscht bin, weil es bereits vorbei ist. Ob ich ebenfalls komme, ist für ihn nicht relevant. Doch ich kann damit leben. Es ist fast ein Kompliment, da er sich so wenig in seiner Lust zurückhalten kann.

Er zieht sich aus mir zurück, schließt meine Beine und dreht sie seitlich. Nun liege ich wieder richtig in meinem schaukelnden Bett und darf mich erholen. Während ich mit pochender Vagina unbefriedigt über den Akt nachsinne, zieht er den Anker ein und startet den Motor. Er bleibt währenddessen völlig nackt. Ich beobachte seinen strammen Hintern, während er am Steuer steht. Immer wenn eine Welle kommt und er sein Gleichgewicht halten muss, spannt sich eine Pobacke an und ich möchte am liebsten aufstehen und fest hineingreifen.

Erst denke ich, dass sich das nicht gehört, doch dann fällt mir ein, wie er sich bei mir einfach bedient. Ich lasse mich aus der Hängematte gleiten und tue, was mir in den Sinn kommt. Hinter ihm stehend packe ich mit festem Griff seine Arschbacken und drücke meine Brüste an seinen Rücken. Er zuckt kurz zusammen, hat sich aber schnell wieder im Griff. Sein rechter Arm holt mich nach vorn, sodass ich vor ihm stehe. Ich lehne mit dem Rücken am Steuerrad, rechts und links rahmen mich seine ausgestreckten Arme ein. Meine Hände wandern seine Brust entlang und ich presse meinen Körper nach vorn an ihn. Sein Mund öffnet sich, seine Augen sind tief in meinen versunken. Da er nicht wesentlich größer ist als ich, erreiche ich problemlos seinen Mund. Unsere Zungen verschlingen einander langsam und ich fühle eine Hand an meinem Rücken. Plötzlich ertönt ein lautes Stoßgeräusch und ein heftiger Ruck geht durchs Boot. Sofort lässt er fluchend von mir ab. Wir haben den Steg angefahren. Schnell schaltet er den Motor ab und macht den Kahn sicher fest.

Als er zurückkommt, sagt er nichts, berührt mich aber sofort mit beiden Händen. Meine Brüste sind so geschwollen, dass sie geradezu danach schreien, bedient zu werden. Dadurch, dass ich meine Brüste selber knete, zeige ich ihm deutlich meine beiden wundervollen Argumente. Er versteht und saugt fest an meinen Brustwarzen. Es ist an der Grenze von schmerzhaft und lustvoll. Nichts in seinem Handeln ist vorsichtig oder gar zurückhaltend. Es ist einfach pure ausgelebte Wollust. Meine Hände greifen in seine Haare, doch ich fordere nichts, sondern bin einfach nur sein Objekt. Er beißt mich neben den Brustwarzen in mein Fleisch und mit jeder Sekunde steigt sein Puls spürbar. So schnell wie er fertig ist, ist er offensichtlich auch wieder bereit für eine neue Runde.

Er hebt mich hoch und trägt mich zu einer Truhe, die eine für ihn ideale Höhe hat, um mich zu vögeln. Meine Beine drückt er so weit nach hinten, dass ich die Füße neben meinem Kopf habe. So wird er tief in mich eindringen können. Wir beide wissen das und ich fühle, wie meine inneren Schamlippen bereits zucken. Noch bevor seine Eichel mich berührt, läuft der Saft tropfend aus mir heraus. Ich sehe in seinen Augen, dass ihn der Anblick geil macht, sein Atem geht stoßweise. Er braucht mich nicht weiter zu berühren, es reicht, dass ich seine Geilheit in seinem Gesicht sehe. Als ich es kaum noch aushalte und zu zittern beginne, stößt er endlich zu. Seine kurzen Stöße in meiner empfindlichsten Gegend geben mir den Rest und ich schreie einen perfekten Orgasmus aus mir heraus. Es ist Erlösung auf beiden Seiten! Kaum hat er meine tiefste Stelle gefunden, füllt er mich mit seinem Samen.

***

Es ist dunkel, als wir auf dem Weg zur Hütte sind. Wortlos schlafen wir ein. Jeder sehnt sich nach Ruhe und Erholung. Wir sind beide nicht auf Kuscheln und Romantik gepolt, es ging um den reinen Akt, bei dem wir Befriedigung gesucht haben.

***

Der letzte Tag meines Strafdienstes beginnt. Hinter mir rumpelt ein Anhänger, so voll bepackt mit Setzlingen, dass ich kaum vorankomme. Der ausgetretene Pfad ist erkennbar, aber schmal. Es ist beschwerlich mit dem Wagen hinter mir und bald schmerzen meine Schultern. Unbeirrt ziehe ich weiter und erreiche wie geplant die Fläche, an der wir am ersten Tag die verdorrten Wurzeln ausgegraben haben.

Es ist eine Art Baumschule, die nun neu aufgeforstet werden soll. Ich stelle mich mit meiner Fracht an den Rand und schaue mir genau an, in welche Reihe die neuen Pflanzen kommen. Kurz überlege ich, zu verschnaufen und mich zu setzen, doch dann kann ich vermutlich nicht wieder aufstehen. Also greife ich mir den ersten kleinen Baum und beginne mit meiner Arbeit.

In regelmäßigen Abständen werden die zukünftigen Stämme in der Erde versenkt und festgedrückt. Als ich mein fertiges Werk bewundere, überlege ich, wie viele Baustellen dieser Art unsere Region wohl hat. Zu Hause würde ich als Erstes nach einer neuen Beschäftigung suchen, eine, die mich erfüllt und glücklich macht.

In der Ferne kann ich Erik sehen, wie er am Ufer einen Wall

aus Steinbrocken errichtet. Selbst aus der Entfernung kann ich seinen massiven Bizeps erkennen, wenn er sich beim Heben der Brocken anspannt. Wären wir nicht gemeinsam zwangsweise auf dieser Insel, wären wir uns nie begegnet.

Zumindest hat mein verzweifelter Diebstahl mir damit etwas Gutes eingebracht. Meine Sicht auf manche Dinge hat sich verändert. Ich bin motivierter und weiß endlich, was ich mit meinem Leben anfangen kann. Vorbei sind die Zeiten des sinnlosen Konsums von Filmen und Videospielen, außerdem das Vegetieren auf dem Sofa. Ich weiß nun, dass auch ich etwas beitragen kann, was von Bedeutung ist, dabei muss es nicht der schnöde Bürojob sein. Auch, dass mir ein Fick ohne jegliche Verliebtheit durchaus guttut, war mir nicht bewusst.

Als alles Grün aus meinem Anhänger eingesetzt ist, tut es mir fast leid. Nun ist meine Aufgabe beendet und ich muss zurück in mein tristes Dasein in einer winzigen Stadtwohnung. Aber ich tröste mich mit meiner neuen Erkenntnis, dass es nicht so bleiben muss.

Fröhlicher gestimmt, ziehe ich meinen leeren Anhänger hinter mir her und wandere zurück zur Hütte. Als ich alles am richtigen Platz habe, gönne ich mir eine kurze Pause und schiele zum Steinwall. Erik ist immer noch aktiv und ich beschließe, ihm meine Hilfe anzubieten. Als ich bei ihm eintreffe, schiebt er gerade die letzten großen Steine in Position. Wie gewohnt, spricht er kaum, dafür erzählt sein Blick genug. Ich setze mich auf den größten Felsen in seiner Nähe und mache die Augen zu. Ich höre seine Stiefel am Ufer durch das Wasser waten und auch, wie er näher platscht. Er fragt nicht, sondern zieht mir in gekonnter Manier die Hose herunter. Nun liege ich ab dem Bauchnabel bis zu den Knien blank. Statt der harten Nummer, die ich erwarte, spüre ich plötzlich eine Zunge an meiner Klitoris. Er ist nach wie vor in keinster Weise feinfühlig, aber für seine Verhältnisse ist es ein klares Zeichen für Dankbarkeit. Er bedient mich, selbstlos und ohne Forderung dahinter. Wenige Minuten verwöhnt er mich so, lässt dann wieder von mir ab.

Als wäre nichts geschehen, steckt er nun kleine Kiesel in die Zwischenräume der bereits gebauten Felsen. Ich sitze immer noch unten frei zugänglich auf dem Stein und fühle, wie der kalte Wind die Feuchtigkeit an meiner Spalte berührt. Es kitzelt und hinterlässt einen kalten Schauer. Für eine Weile massiere ich mich selbst. Zu keinem Zeitpunkt ist es notwendig, zu kommen. Es reicht, dass ich mit mir selbst zufrieden bin und genießen kann, was ich tue.

Irgendwann ziehen wir zurück in die Hütte für letzte Ordnungsaufgaben. Erik erzählt mir, dass die Insel nur alle paar Monate besucht wird und nun alles, bis zu seiner Rückkehr, seinen festen Platz haben muss. Als ich frage, ob ich ihm das Nächste Mal wieder helfen darf, zwinkert er mir zu und sagt: »Du weißt ja nun, wo du mich finden kannst.«

Meine Antwort besteht aus einem Lächeln.

Schließlich packe ich meine Sachen zusammen. Als Erinnerung habe ich mir einen kleinen Setzling mitgenommen, der in einem Topf hoffentlich neue Wurzeln bilden und wachsen wird. Ich weiß, dass wir morgen zeitig in Richtung Hafen ablegen werden, und ich bin froh darüber, mein Leben neu planen und angehen zu können.

***

Als ich Eriks Kahn am nächsten Tag verlasse, gibt es keine lange Abschiedsszene. Wir nehmen uns kurz in den Arm. Er lässt seine flache Hand auf meinen Hintern knallen und wünscht mir einen guten Heimweg. Ich strecke ihm unfein die Zunge raus und gehe den ersten Schritt in eine neue Richtung.

Wehrloses Verlangen

Schon wieder Stau! Es ist kaum zu glauben. Ein üblicher Freitagmorgen und überall herrscht Verkehrschaos. Zuerst die große Baustelle, dann ein LKW mit Reifenpanne und nun ein großer Ast mitten auf der Fahrbahn. Bereits seit vier Stunden bin ich unterwegs. Eigentlich hätte ich längst am Ziel sein sollen.

Genervt versuche ich, die Spur zu wechseln, denn bald naht meine Ausfahrt. Vor mir ein knallroter Sportwagen, der anscheinend den gleichen Plan hat. Ohne zu blinken oder nach hinten zu schauen, zieht er vor mir rein. Ich trete hart auf die Bremse und nutze meine Hupe, doch der Fahrer dreht sich nicht einmal um. So ein Idiot! Sein Kennzeichen »SU-CK-66« erzählt mir mehr über ihn, als ich wissen will.

Der Verkehr kommt ins Rollen und mein Navi berichtet, dass ich in weniger als zehn Minuten am Ziel bin. Das ist auch gut so, denn es ist im wahrsten Sinne kurz vor Zwölf. Zur Mittagszeit ist der planmäßige Start meines Seminars, an dem ich dieses Wochenende teilnehme.

Kurz vor knapp erreiche ich das Camp und parke schwungvoll auf der eingezäunten Kiesfläche. Von dort kann ich eine Gruppe erkennen, die im Kreis steht und einem Mann in der Mitte zuhört. Das muss der Trainer sein, der auch auf mich noch wartet. Ich eile zu der Gruppe und sehe kurz im Augenwinkel einen roten Sportwagen auf dem Parkplatz. Anstatt mich zu fragen, ob es derselbe ist, der mich geschnitten hat, konzentriere ich mich lieber auf meine Entschuldigung.

»Verzeihung, ich stand leider länger im Stau«, berichte ich ungefragt und versuche, möglichst entwaffnend zu lächeln. Alle drehen sich zu mir um.

Der bullige Kerl in der Mitte zückt eine Liste und murmelt: »Jana Peschke nehme ich an ...«, und hakt meinen Namen ohne einen weiteren Kommentar ab.

Ich nicke überflüssigerweise, stelle mich in eine Lücke im Kreis und lausche seinen Worten.

»Sie werden lernen, sich selbst aktiv und passiv zu verteidigen. Nach diesem Wochenende werden Sie mutiger sein als je zuvor.« Der Trainer verspricht viel und ich bin gespannt, was er davon halten kann. Ursprünglich hatte ich mit einer Kollegin diesen Kurs gebucht. Dank einer Grippe liegt sie nun im Bett und ich stehe allein unter Fremden auf einer kahlen Wiese. Außer mir sind nur Männer anwesend, die mich teils verwundert, teils spöttisch anblicken. Die Meisten sehen muskulös aus, einige mit Tätowierungen, teilweise auch kleinen Narben. Jeder von ihnen strahlt eine Autorität aus, die mich erschaudern lässt. Offensichtlich machen diese Jungs so ein Training nicht zum ersten Mal. Einer sticht besonders hervor, vermutlich weil er eine lange und breite Narbe an seinem Hals trägt. Dafür lächelt er allerdings als Einziger in der Runde und schaut mir direkt in die Augen, als sich unsere Blicke treffen. Ich lächle zurück und bin freudig überrascht, denn er fällt genau in mein Beuteschema. Sein Bizeps spannt unter seinem Hemd, vor allem, als er die Arme vor seiner Brust verschränkt. Die wilden, schwarzen Haare geben ihm etwas Verwegenes. Während wir uns anlächeln, läuft der Kerl in der Mitte unruhig hin und her. Es ist Spätsommer und es sieht so aus, als will er uns ordentlich in der Mittagssonne schwitzen lassen.

»Wir treffen uns in fünfzehn Minuten wieder hier, fertig in Sportkleidung und festen Schuhen.« Der Gruppenleiter tritt nun zu mir, um mich anzuweisen, wo ich die nächsten zwei Nächte verbringen werde. »Da du bei der Zeltverteilung nicht da warst, teilst du dir mit einem anderen allein angereisten Teilnehmer die Unterkunft. Wir sind alle erwachsen. Ich denke, das dürfte also kein Problem sein. Das hier ist deine

Zeltnummer. Am besten ziehst du dich jetzt zügig um, damit wir direkt weitermachen können. Mein Name ist übrigens Ty.«

Ich greife mir die Karte, auf der eine kleine Wegbeschreibung zu erkennen ist und laufe zum Auto. Ich entdecke direkt hinter meinem Fahrzeug tatsächlich den Drängler von vorhin. Das Kennzeichen ist das Gleiche. Am Kofferraum hantiert der gut aussehende Kerl aus der Gruppe. Mein Interesse an ihm sinkt schlagartig, ausgerechnet er ist dieser Nichtsnutz!

Nicht weit von der Wiese entfernt, sehe ich eine kleine Siedlung aus gelben Zelten. Die meisten Mitstreiter sind bereits darin aktiv und somit weiter als ich. Im Laufschritt ziehe ich los, um mich möglichst rasch umziehen zu können. Neben mir eilt in gleicher Geschwindigkeit der unverschämte Fahrer. Hoffentlich ist sein Zelt möglichst weit weg von meinem. Ob er überhaupt weiß, dass ich die hupende Frau hinter ihm auf der Autobahn bin? Vermutlich nicht, und ich würde das vorerst auch nicht ändern.

Zielstrebig halte ich mich an die Info auf der kleinen Karte in meiner Hand. Der Typ folgt mir den Trampelpfad entlang und bleibt direkt hinter mir stehen, als ich den Eingang zu meinem Zelt öffnen will. So dicht bei mir, fühle ich mich bedrängt und strafe ihn mit einem bösen Blick.

»Dürfte ich um etwas mehr Privatsphäre bitten. Ich möchte mich gern in Ruhe umziehen. Vielen Dank!«, sage ich klar und deutlich.

Aber bevor ich mich dem Reißverschluss widmen kann, zückt er grinsend seine Karte, und ich sehe, dass er die gleiche Nummer hat. Das kann doch nicht wahr sein!

Bevor er etwas sagen kann, brülle ich nach Ty. Anscheinend merkt er, dass ich es ernst meine und kommt zu uns.

»Auf gar keinen Fall übernachte ich mit DEM in einem Zelt! Ich verlange eines für mich allein! Man kann mir doch nicht zumuten, mit einem völlig Fremden zusammenzuschlafen!«, rege ich mich auf.

Nun meldet sich der Raser zu Wort und seine Stimme tropft wie Honig in meinen Ohren. »Also mir macht das nichts aus. Ich bin auch ganz anständig.« Er lächelt er mich an und kriecht, ohne eine Antwort abzuwarten, in das Zelt.

Ty verschränkt die Arme und blickt mich genervt an, dass ich solche »Starallüren« habe. Er sagt: »Wärst du rechtzeitig gekommen, dann hätten wir das vorher klären können. Du warst nun mal die Letzte und musst nun nehmen, was übrig bleibt! Für zwei Nächte wird das gehen. Also bitte, keine Dramen!«

Ich überlege, ungemütlich zu werden und mit Abreise oder Kostenreduzierung zu drohen. Aber als ich sehe, dass Ty die Sachlage als beendet betrachtet und einfach geht, schnaube ich nur wütend. Dann rede ich mir gut zu: *Komm, Jana, sei keine Zicke, und mach das Beste draus!*

Also krieche ich meinem neuen Mitbewohner hinterher und sehe, wie er gebückt und nur in Shorts vor mir steht. Vielleicht wird es ja gar nicht so schlimm ... Während ich nach meiner Kleidung suche, ist er bereits fertig und verlässt dann unser Schlafgemach. So kann ich mich zum Glück ohne neugierige Blicke umkleiden, und bin überrascht, Ansätze eines Gentlemans in ihm zu entdecken.

Zurück auf der Wiese stellen wir uns im Kreis auf.

Ty beginnt mit den Erklärungen, zeigt uns mit einem Partner Übungen und lässt uns Teams bilden, um diese nachzustellen. Ich bin kaum überrascht, als er verkündet, dass die Zeltpartner auch zeitgleich Trainingspartner sind.

»Mein Name ist übrigens Tom«, stellt sich die Schönheit bei mir vor.

Wir geben uns die Hand und mich tröstet im Moment der Gedanke, dass ich ihm bald eine reinhauen darf. Seine körperliche Präsenz so dicht an mir zu spüren, macht mich nervös und ich merke panisch, wie ich einen roten Kopf bekomme. Schnell schnappe ich mir ein Springseil für das Warm-up und versuche, das Blut in meinem Kopf als Anstrengung zu tarnen.

Schnell schwirrt mir der Kopf vor lauter Fachbegriffen. Irgendwann komme ich durcheinander, wenn Ty von einem Double-Low-Kick zu einer Punch-Hook-Kombi wechselt und ich kaum so schnell schalten kann, wie ich reagieren soll.

Tom steht vor mir und hält ein Schlagpolster, gegen das ich wahlweise treten oder schlagen soll. Ich bemühe mich, Schaden anzurichten, doch ich muss bald einsehen, dass ich kaum eine Chance habe. Trotzdem werde ich mit der Zeit mutiger, denn er feuert mich an und lobt mich sogar. Im Notfall wüsste ich nun, wie es sich anfühlt, jemanden der größer und schwerer ist als ich, versuchsweise zu beeindrucken. Möglich, dass sich ein Täter bereits abschrecken lässt, wenn er merkt, das potenzielle Opfer ist gar nicht so hilflos.

Nach drei Stunden sind wir entlassen und dürfen erschöpft in unsere Zelte zurückkehren. Ich lasse mich auf den dort ausgerollten Schlafsack fallen, und es ist mir völlig egal, wie ich dabei aussehe. Nur liegen und kurz durchatmen, mehr möchte ich nicht.

Tom tut es mir gleich und wir liegen still einfach nur nebeneinander. Es ist eng unter der Plane und mein Oberschenkel liegt direkt an seinem.

»Ich brauche etwas Isotonisches. Im Auto liegen noch zwei Flaschen. Hoffentlich sind die nicht zu sehr geschüttelt worden«, berichtet er ungefragt.

»So wie du fährst, wäre es kein Wunder«, platzt es aus mir heraus.

»Wie meinst du das?«, fragt er verwundert.

Ich überlege kurz, aber mir fällt keine schonende Version ein, also bin ich ehrlich: »Du hast mich heute Morgen wie ein

Volldepp ausgebremst, als du ohne zu blinken vor mir in die Spur gerast bist. Kurz vor der letzten Ausfahrt.«

Er denkt nach. Dann hellt sich sein Gesicht auf. »Ach, die Ungeduldige hinter mir mit der quäkenden Hupe, die wie eine kranke Ente klingt?«

Mein Blick wird unfreundlich.

Doch er setzt nach: »Sorry, aber ich war spät dran. Normalerweise bin ich nicht so.«

Fragend ziehe ich eine Augenbraue hoch. Aber da er in den letzten Stunden wirklich ein guter Partner war, lasse ich es gelten.

***

Am Abend sitzen wir alle gemeinsam um ein Lagerfeuer und es entwickelt sich wesentlich entspannter und netter, als ich noch mittags erwartet hatte. Fast alle sind hier, weil es ihnen beruflich nutzt, sich besser verteidigen zu können. Vom Fahrkartenkontrolleur bis zum Kioskbesitzer, der schon öfter überfallen wurde, ist alles dabei.

Auch ich werde im Job oft angepöbelt. Das bringt der Beruf der Politesse so mit sich. Von jedem, der mich traf, wurde ich gehasst, egal, ob derjenige überhaupt ein Knöllchen bekam. Allein meine Uniform war für einige schon Grund genug, mich zu beleidigen.

Obwohl die meisten Teilnehmer auf den ersten Blick recht erfahren wirken, wirklich bewusst mit Technik verteidigt, hatten sich bisher die wenigsten.

Tom ist Türsteher einer bekannten Disco. Sein Arbeitgeber bezahlt ihm den Kurs, damit er das neu erlangte Wissen später an seine Kollegen weitergeben kann.

Es wird viel gelacht. Jeder hat eine Anekdote aus seinem Alltag zu erzählen, während die anderen gebannt zuhören.

Gegen Mitternacht zieht es uns in Richtung Kissen, schließlich wartet früh am Morgen ein satt gefüllter Tagesplan auf uns.

***

Gerade, als ich endlich einschlafe, fühle ich, wie Tom plötzlich näher rückt. Wie in Zeitlupe rutscht er langsam in Löffelchenstellung an meinen Körper. Als er mich vollständig erreicht hat, lässt er seinen linken Arm an meiner Taille sinken. Er wartet, ob ich reagiere. Doch ich tue nichts, stelle mich schlafend. Der Verschluss meines Schlafsacks wird aufgezogen und kurze Zeit später fühle ich ihn ganz dicht an mir. Seine Hand wandert wie auf Erkundungstour unter mein Shirt. Seine Fingerspitzen reizen auf sanfte Art meine Haut. Ich habe das Gefühl, es dauert ewig, bis er endlich meine Brüste streichelt. Ich wundere mich nicht darüber, dass ich das zulasse, denn er gefällt mir. Okay, er kann nicht Auto fahren, doch ansonsten hat er sich als guter Teampartner und sexy Kerl gezeigt.

Ich drücke mich vorsichtig nach hinten an ihn. Jetzt weiß er, dass ich wach bin und weiß, was er tut. Freudig presst er sich noch deutlicher an mich, als wolle er mir zeigen, dass er verstanden hat. Ich drehe mich auf den Rücken, damit er mich besser entdecken kann und er nutzt seine Hand für den Weg. Ich fühle zwar, wo sein Glied sein muss, aber da ist nichts hart. Verwundert will ich nachsehen und wandere mit meiner Hand an ihm entlang. Doch bevor ich mein Ziel erreiche, hält er mich auf und schiebt meine Hand zurück. Ich höre ein leises »Tztz« an meinem Ohr, weiter nichts. Ohne Eile wandert er auf meinem Körper entlang. Seine Reise beginnt an meiner rechten Schulter, hinunter über den Bauch, bis zu meiner Mitte. Dort verweilt er kurz, reibt mit kreisenden Bewegungen meine Klitoris und wandert an der linken Seite wieder nach oben. Meine Brustwarzen werden nur kurz umspielt. Bevor sie sich ganz aufgerichtet haben, ist seine Hand bereits weitergefahren. Er wiederholt diese Art der Erkundung mehrere Male, so ruhig, als hätte er die ganze Nacht nichts anderes mehr vor. Nie bleibt er so lange an einer Stelle, dass ich wirklich geil werde, es bleibt bei wunderschönen Empfindungen. Die ganze Zeit bin ich ruhig und tue nichts als atmen. Als er seine Reise auf mir beendet, kommen seinen Lippen näher und geben mir etwas, das man kaum beschreiben kann. Es ist nicht einfach ein Kuss, sondern eine Mischung aus Ruhe und purer Emotion. Als wenn er mir mit seinen Lippen die schönsten Träume überreichen möchte. Er beendet damit sein Tun und rückt langsam von mir ab. Der Schlafsack wird wieder zugezogen und ich höre, wie er sich umdreht und einschläft.

***

Am nächsten Morgen erwache ich gut gelaunt, verstehe zuerst selbst nicht, warum. Bereits im Halbschlaf trage ich ein Lächeln im Gesicht. Nachdem ich mich genüsslich umgedreht und die Augen geöffnet habe, erkenne ich auch den Grund dafür: Tom.

Er liegt auf dem Rücken neben mir und ist ebenfalls wach. Sein Blick zeigt mir, dass er mich schon länger beobachtet hat. Ich schwanke zwischen einem unfreundlichen Grummeln oder dezentem Schnurren. Bevor ich mich entscheiden kann, streckt er seinen Arm in meine Richtung und bietet sich an.

Na gut, sei friedlich, denke ich mir und nehme die Einladung kommentarlos an. Ich rutsche näher heran und kuschle mich an ihn, während sein Arm mich ganz umfasst. Er strahlt unheimliche Ruhe aus, sodass ich die Augen wieder schließe und noch etwas weiterschlafen will. Doch der Frieden währt nur kurz, denn der Wecker meldet unerbittlich, dass es Zeit ist, aufzustehen.

***

»Heute üben wir die Verteidigung gegen plötzliche Angriffe aus dem Hinterhalt«, erklärt Ty. »Gestern hat jeder die Techniken geübt, die notwendig sind, um sich zu schützen, heute wenden wir diese aktiv an. Dazu verteilen wir uns in dem kleinen Waldstück, das hinter uns liegt. Im Alltag sollt ihr auch allein dazu in der Lage sein, euch zu helfen, daher läuft jeder für sich. Damit ihr auch besser die Sicht des Angreifers versteht, gibt es zwei Teams, die später wechseln.«

Wir ziehen Marken aus einem kleinen Säckchen, bis jeder von uns rot oder blau zugeordnet bekommen hat. Team Rot spielt zuerst die Angreifer, danach wird gewechselt. Ich selbst bin Team Blau, Tom bei Rot. Wir ziehen los und verteilen uns zwischen den Bäumen. Zuerst laufe ich etwas planlos durch die Natur und suche Deckung. Ab und zu höre ich kurze Aufschreie oder raschelnde Äste, wenn ein Angreifer jemanden gefunden hat. Je näher diese Geräusche sind, desto höher schlägt mein Puls, auch wenn ich die Technik zur Abwehr gestern ausgiebig geübt habe. Ob ich im Ernstfall überhaupt den Mut habe, zu reagieren? Bevor ich es merke, packt mich jemand von hinten und würgt mich. Panik überfällt mich. Wie ich befürchtet habe, falle ich in Schockstarre.

Mein Angreifer lässt nicht los und drückt weiter zu. Ich greife nach seinen Händen an meinem Hals, doch lösen kann ich sie nicht.

»Denk nach, Jana! Was haben wir geübt?«, ertönt es hinter mir und ich erkenne die Stimme von Ty.

Obwohl ich wusste, dass mir hier kein völlig Fremder begegnen wird, beruhigt es mich dennoch, dass ich weiß, wer hinter mir steht. Er wird nicht wirklich etwas tun, trotzdem bleibt mein Adrenalinspiegel hoch. Konzentriert gehe ich den gestrigen Tag durch und erinnere mich an das, was ich machen muss. Ohne weiter zu zögern, reagiere ich endlich und schaffe es, mich zu befreien. Kaum von ihm los, bekomme ich direkt einen verbalen Dämpfer verpasst.

»Das muss schneller gehen. Im Notfall wärst du schon bewusstlos gewesen.« Ein strenger Blick und Ty verschwindet wieder zwischen den Bäumen.

Um Luft zu holen, lehne ich mich mit dem Rücken an einen dicken Stamm und stemme meine Hände in die Hüften. Obwohl ich keineswegs unsportlich bin, spüre ich bereits jeden Muskel.

Hinter mir höre ich jemanden näher kommen, die trockenen Äste am Boden knacken verräterisch, als er darauf tritt. Ich drehe mich um und schaue direkt in Toms Augen. Bevor ich verstehe, was passiert, liegen wir uns in den Armen und küssen uns leidenschaftlich. Sein ganzer Körper presst den meinen an den Baum und ich fühle diesmal deutlich, dass er erregt ist. Keiner von uns beiden achtet noch auf die Umgebung. Die ganze Truppe könnte um uns herumstehen, wir würden es nicht bemerken. Ohne zu sprechen, sind wir uns einig. In Sekundenschnelle haben wir unsere Hosen am Boden und fühlen die Haut des anderen. Der feine Wind umschmeichelt uns, während Tom meine Beine packt und mich hochhebt. Er umfasst meinen Arsch und lässt meine Oberschenkel auf seinen Unterarmen liegen. Seine Kraft beeindruckt mich und ich kann es kaum erwarten, dass er in mich stößt. Sein Schwanz ist hart und dick, mein Eingang dehnt sich deutlich, als er in mich eindringt. Ich kann nicht sagen, dass er rücksichtslos handelt, doch im Vergleich zu letzter Nacht ist es geradezu überfallartig. Es ist schnell und hart. Während er mich nimmt, krallen sich meine Hände fest in seinen Rücken. Das Klatschen seiner Lenden auf meinen ist so laut, dass ich sicher bin, der ganze Wald hört uns zu. Bei jedem Stoß nutzt er einen etwas anderen Winkel, sodass er mich selten an der gleichen Stelle berührt. Sein Penis ist nicht besonders lang, was für meine Befriedigung auch nicht notwendig ist. Seine Technik ist richtig gut! Tom hat die Augen geschlossen und konzentriert sich ganz auf mein Loch. Er arbeitet voller Energie. Ich sehe in seinem Gesicht, dass er kurz vor der Erlösung steht. Auch ich bin fast soweit und hoffe, mein Ziel zu erreichen, bevor er es tut.

»Bitte lass mich kommen, Tom«, keuche ich ihm entgegen.

Er öffnet die Augen und sieht mich an. Seine Stöße werden langsamer. Er hat noch genau so viel Kraft, wie am Anfang unserer Vereinigung und trägt mich buchstäblich noch immer auf seinen Händen. Er vögelt mich nun langsamer, als wenn er genau wüsste, dass mir das gefehlt hat, um meinen Höhepunkt zu erreichen. Ich muss ihm nicht sagen, dass er auf dem richtigen Weg ist. Ich weiß, dass er es fühlt. Als ich schreiend abspritze, tut er dasselbe. Zusammen lassen wir unserem Inneren freien Lauf ...

Schließlich lächeln wir uns an. Dann zieht er sich aus mir zurück und wir kleiden uns wieder an.

Dann stehen wir voreinander, als wäre gar nichts passiert. Kein Kuss, keine weiteren Worte. Erst jetzt erinnern wir uns daran, wo wir sind, denn aus gleich zwei Richtungen preschen Angreifer hervor. Wir beginnen zu rennen, jeder nimmt einen anderen Weg.

***

Am Ende des Tages sind wir alle extrem müde, kaputt und zerkratzt von den Ästen im Wald – aber auch zufrieden mit unserer Leistung. Jeder von uns hat das Gefühl, ein gutes Stück vorangekommen zu sein. Wir haben wirklich etwas gelernt.

Mit letzter Kraft krauchen wir bei vollständiger Dunkelheit in unsere Zelte. Kaum liege ich, rückt Tom näher an mich heran und berührt mich so sanft wie in der ersten Nacht. Ich kann kaum glauben, dass ich beides mit dem gleichen Mann erlebe. Wie kann jemand ein gieriger Ficker und zeitgleich ein so verschmuster Verwöhner sein? Diesmal wandert er nicht über meine Haut, sondern widmet sich ganz meiner Spalte. Mit seiner flachen Hand reibt er zuerst über sie und meine Perle. Beide freuen sich, ihn zu spüren und ich spreize leicht meine Beine, damit er sie besser berühren kann. Er fingert mich so gekonnt, dass ich mir wünsche, niemals zu kommen. Ich möchte auf ewig hier liegen und genau das fühlen, was gerade mit mir passiert. Nie wird er hektisch oder schnell, immer bleibt er langsam und bewusst. Ein zarter Druck auf der Klitoris, ein kleiner Stoß seines Mittelfingers, ein Verreiben meiner Nässe an meiner Perle, zurück mit zwei Fingern an meinen G-Punkt ... Nie zuvor war mir ein Mann begegnet, der so genau wusste, wie er eine Frau glücklich machen kann.

Es kommt der Moment, an dem mein Orgasmus nicht mehr hinauszuzögern ist. Ich beginne, leicht zu zittern und während er ungerührt von meiner Reaktion weiter in Zeitlupe agiert, fühle ich seine endlos zarten Lippen auf den meinen. Zusammen mit meiner Erlösung bekomme ich einen Kuss, der mich vergessen lässt, wo ich bin. Ich stöhne in seinen Mund und sehe nur noch kleine Sternchen um mich herum. Mein Kreislauf hat nicht genug Energie für volles Bewusstsein.

Als ich wieder klar denken kann, gibt er mir zwei flüchtige Küsse auf die Brustwarzen und zieht sich zurück. Anscheinend erwartet er auch diesmal keine Gegenleistung, oder es befriedigt ihn, zu sehen, dass ich gekommen bin. Ich bin nicht dazu in der Lage, viel zu sagen. Also rolle ich mich ein und schlafe.

***

Das Aufstehen am nächsten Tag gestaltet sich eher langsam, denn der befürchtete Muskelkater ist so schlimm wie erwartet. Zum Glück merke ich, dass es Tom ebenso geht. Es beruhigt mich, zu wissen, dass auch gestandene Männer am gestrigen Tag zu knabbern haben. Langsam wandern wir in Richtung

Frühstücksraum und lauschen den Anweisungen von Ty.

»Ich bin sehr stolz auf das, was ihr bisher geschafft habt«, sagt er. »Keiner von euch hatte bisher Erfahrung mit Kampfsport oder Nahkampf, trotzdem seid ihr nun ein gutes Stück sicherer im Umgang mit Angreifern geworden. Um das weiter zu vertiefen, werden wir heute eine typischen Situation in einer Kneipe nachstellen.«

Der Partyraum des Vereinsheims ist entsprechend für uns vorbereitet. Wir sind in einem größeren Raum, eine lange Theke aus dunklem Holz liegt an der Stirnseite. Darum verstreut sind Stehtische und viele fremde Leute. Alle scheinen Teil der Übung zu sein, nur wissen wir nicht, wer Freund und wer Feind sein wird.

Als wir uns verteilt haben, wird das Licht stark verdunkelt und die Lautstärke der Musik drastisch erhöht. Die Wahrnehmung ist eingeschränkt und alle suchen sich einen Platz an einem der Tische, bleiben aber in kleinen Gruppen zusammen. Tom bleibt bei mir und wir stellen uns an die Theke. Zuerst passiert nichts, niemand verhält sich auffällig. Wir bekommen ein Bier serviert und halten Small Talk mit dem Barkeeper. Nach einigen Minuten werde ich von hinten angerempelt, einer der Vereinsleute spielt einen Betrunkenen und grapscht mir mutwillig an den Arsch.

Bevor ich handeln kann, springt Tom vor mich und dreht ihm den Arm um. Überrascht lässt sich der Täter fallen und wird am Boden fixiert. Ich finde es zwar etwas schade, dass ich selbst nicht aktiv werden konnte, doch es ist wirklich ein schönes Gefühl, so beschützt zu werden.

Tom steht wieder auf und zwinkert mir zu. »Als Wiedergutmachung für meine Fahrkünste«, sagt er.

Ich grinse ihn an und strecke ihm die Zunge raus, als Zeichen dafür, dass wir nun quitt sind.

Auch die anderen haben sich erfolgreich gewehrt. Wir wiederholen die Situation noch einige Male, bis jeder wirklich ein positives Erlebnis für sich mitnehmen kann.

***

Auf dem Parkplatz verabschieden wir uns alle voneinander, wünschen lachend gute Fahrt und kurze Reaktionszeiten.

Toms Abschiedskuss hinterlässt ein dankbares Strahlen in meinem Gesicht. Nicht nur, dass ich an mentaler Stärke gewonnen habe, mir ist jetzt auch bewusst, wie wesentlich bedeutsamer die reine Berührung gegenüber dem sexuellen Akt ist. Das eine könnte ich mit jedem, das andere nicht. Somit habe ich in der kurzen Zeit sehr viel gelernt und bin inzwischen sogar dankbar dafür, dass meine Begleitung mich im Stich gelassen hat. Andernfalls hätte ich niemals die Gelegenheit bekommen, mit Tom mein Zelt teilen zu können.

Ich drehe das Radio lauter auf. Es läuft »Eye of the Tiger«. Das Lächeln in meinem Gesicht wird breiter und ich beginne zu singen.